绝对中坚
Absolute Backbone

做最有气场的店长

ZUO ZUIYOU QICHANG DE DIANZHANG

连　军/主编
郑复生/编著

中国经济出版社
CHINA ECONOMIC PUBLISHING HOUSE
北京

图书在版编目（CIP）数据

做最有气场的店长 / 连军 主编 .
北京：中国经济出版社，2014.5
ISBN 978-7-5136-2991-1

Ⅰ. 做… Ⅱ. ①连… Ⅲ. ①商店 - 商业经营 Ⅳ. ① F717

中国版本图书馆 CIP 数据核字（2013）第 304662 号

责任编辑 李煜萍
责任审读 贺 静
责任印制 马小宾

出版发行 中国经济出版社
印 刷 者 三河市佳星印装有限公司
经 销 者 各地新华书店
开 本 710mm×1000mm 1/16
印 张 14
字 数 218 千字
版 次 2014 年 5 月第 1 版
印 次 2014 年 5 月第 1 次
书 号 ISBN 978-7-5136-2991-1
定 价 35.00 元

中国经济出版社 网址 www.economyph.com 社址 北京市西城区百万庄北街 3 号 邮编 100037
本版图书如存在印装质量问题，请与本社发行中心联系调换 （联系电话：010-68319116）

前言

从优秀到卓越

店长，是店铺的直接管理者，是店铺的中坚力量。一个店铺，如果没有优秀的中坚力量，很难获得盈利与发展。

从事店铺经营管理十几年，我一直在想一个问题：什么样的店长才是优秀的店长？是有能力，还是善于管理、经营？这些似乎都无法准确概括“优秀”的内涵。沿着这个问题，我翻阅了很多关于店长的书籍，无论是《金牌店长》，还是《店长手册》，都没有找到我想要的答案。

优秀店长，难道是一个莫测的概念，只可意会不可言传？不应该啊。突然有一天，我看到了《气场》这本书，很快脑子中就有了一个想法：优秀的店长不正是有气场的店长吗？有气场，是对优秀最好的概括。

有气场，不仅仅代表有能力、善于管理，而且还意味着店长善于利用自己的权威、信誉等外在的魅力、形象帮助自己加强管理，使店铺呈现一种和谐、向上、盈利的景象。这是一种理想的状态，可是如何达到这种理想的状态，如何让店长变得更加有气场，这就是本书要讨论的问题了。

气场，是一种由性格、言行举止而形成的个人魅力，带有很强的个性化因素。要想提升气场，包括很多方面的内容，比如形象的改变、思维的转变、管理技巧的提升、素质能力的提高、言行举止的改变乃至每一个细节都关乎店长的气场。为了尽量说清楚这些问题，本书从个人形象、获得认可、控场力、决断力、执行力、凝聚力、气场型管理、有效责任承担八个方面入手，在阐述相关理论的同时，辅以“情景范例”、“店铺管理工具”等内容，让你加深印象，告诉你该如何提升气场。当然，书中还设置了一些思考题和难题，供你在阅读之余思考和提高。

如果你觉得自己并不是一个有气场的店长，或者气场还可以有所提升，那么不妨好好阅读本书，它将会带给你新的改变，让你有一个全新的自我。

做一个有气场的店长，不仅是工作的需要，而且也是一种潮流。如果你错过了，将会是一大遗憾。不妨从现在开始，从这本书开始，真正为提升自己的气场而努力。祝你成功！

郑复生
2014年3月

CONTENTS

目 录

第一章 店长的气场定位 …… 001

第一节 什么是气场 …… 002

第二节 店长的定位：主导者 …… 007

第三节 店长气场的“三维式”展现 …… 012

第四节 什么样的店铺急需气场型店长 …… 015

第二章 个人形象，抓住气场的首因 …… 031

第一节 店长的魅力与风度 …… 032

第二节 不和“狐狸”为伍 …… 036

第三节 个人形象的“刺猬效应” …… 038

第四节 魅力沟通六法则 …… 040

第五节 自我尊重才更有形象 …… 049

第六节 理性亲和不可少 …… 054

第七节 气场型店长需具备的五大心态 …… 059

第三章 获得认可，夯实气场的基础 …… 065

第一节 店员是否认可的评判标准 …… 066

第二节 店员不认可的原因 …… 070

第三节 追求认可的错误表现 …… 075

第四节 获取店员认可的四大技巧 …… 078

第五节 获得老板的认可 …… 082

第六节 店铺文化的认可 …… 084

第四章 威严与霸气，支撑控场力 …… 087

第一节 威信，气场的保障 …… 088

第二节 威信不等于粗鲁的训斥 …… 091

第三节　霸气，来源于底气 …… 093
第四节　必要的强硬手腕 …… 097
第五节　霸气，要以爱为本 …… 098

第五章　决断力，为店长气场加分 …… 103

第一节　决断，一个完整的系统 …… 104
第二节　全脑思维决定有效决断 …… 108
第三节　“怕错心理”要不得 …… 111
第四节　决断，请避免随波逐流 …… 114

第六章　强势执行，成就绝对气场 …… 119

第一节　强势执行所需的基本素质 …… 120
第二节　日常管理决定执行力 …… 124
第三节　组织能力是执行力之本 …… 133
第四节　高效权变，拿好权做好事 …… 138
第五节　营造氛围，提高店铺集客力 …… 140
第六节　谨记：避免权力交叉 …… 144

第七章　凝聚力，让气场无法抗拒 …… 147

第一节　凝聚力的本质是主动追随 …… 148
第二节　值得追随，才有主动追随 …… 151
第三节　警惕凝聚力缺失的苗头 …… 154
第四节　凝聚力管理的两大工具 …… 157
第五节　凝聚力培养的三大契机 …… 159

第八章　气场型管理，让你不怒而威 …… 163

第一节　气场型管理的“四个原则” …… 164
第二节　有效沟通，气场型管理的铺垫 …… 167
第三节　新店长的管理，需要成熟思考 …… 170
第四节　走好“公平”这根平衡索 …… 174

第五节　“老好人”做法要不得 …………………………………… 179
第六节　人才的选拔、任用 …………………………………… 182
第七节　修理“刺儿头”店员 …………………………………… 187
第八节　无理的顾客，不能惯着 …………………………………… 192

第九章　有效责任承担，气场的最后保障 …………………………………… 197

第一节　什么是有效责任？ …………………………………… 198
第二节　有效责任判断三原则 …………………………………… 200
第三节　以何种心态承担责任 …………………………………… 202
第四节　营造责任承担氛围 …………………………………… 206
第五节　做到责任“到此为止” …………………………………… 210

1 第一章

店长的气场定位

“我为什么要有气场？”

这是很多店长在接受气场培训时问得最多的问题之一。或许在本书开始的时候，你也有类似的问题，现在我就来告诉你：作为店长，你是整个店铺的中坚力量，具有承上启下的作用。你唯有具备强大的气场，才能“搞掂”老板、员工和顾客，使店铺风生水起。如果你对此还是不以为然，我们不妨来看几个数据。

“美国中小企业和店铺联合协会”曾经在1000家公认有气场的店铺做过一个调查，结果显示，这些店铺中76.5%的气场型店铺其店长具备气场，并影响到了老板、店员和顾客，还有11.2%的店铺其气场来自督导或者领班，剩下12.3%的店铺则受益于老板强大的气场。

那么，什么的气场是店长应该具备的呢？店长的气场和别的气场有什么样的区别呢？通过本章的学习，想必你会找到自己想要的答案。

第一节　什么是气场

气场是一种真实的存在，尽管很难有人彻底说清楚它到底是一种什么东西。它可以是吸引力，是魔力，也可以是某种具备神秘能量的“磁场”，它使得人们的目光总是被你吸引，不论你在做什么，都能受人关注。在我们身边，不少人身上都存在强大的气场，以至于他（她）根本不需要说话，不需要做任何动作，你就能被影响。

情景范例

玛丽莲·梦露的气场

20世纪70年代，一个摩登的时代，一名男孩儿和自己的父亲参加好莱坞电影明星到场的豪华酒会。触目皆是奢侈的装饰品、漂亮的女明星、衣冠楚楚的政商名流，可以说参加酒会的都是社会的上层人物。但是，当一个女人出场的时候，所有刚才的富贵和奢华都变得暗淡无光。她光芒四射，气质压人，每个人的目光都集中在她身上，并且情不自禁地向她走过去，希望能够和她握手，与她交谈，和她成为朋友，哪怕能得到她的注意也是一件很兴奋的事情。

这个女人的身影和面容，甚至当时的场景，都让这名小男孩儿在多年后仍记忆犹新。后来，当小男孩儿大一些的时候，才知道那位女士就是当时最著名的演员玛丽莲·梦露，一个不论出现在哪里都会立刻吸引所有人注意的女人，她会夺取所有人的目光，集万宠于一身。

通过这个故事，我们清晰地意识到一点：有的人身上天生就具备一种让人为他转身、想要接近的气质，这就是气场的最直接表现。当然，举玛丽莲·梦露的例子并不是说只有明星才具备气场，事实上，同样是明星，有些人并无气场，只有名气而已；相反，不少普通人的身上却有着极强的气场，不可小觑。

情景范例

街边的残疾人

一个年轻人因为一次意外失去了双腿，不得不坐在轮椅上度过余生。就在他人生最失落的时候，他的家人为他准备了一份工作：在街边的小摊上卖书。家人这么做不是为了让他赚钱，而是希望通过“忙碌”来冲淡他低落的情绪，帮助他渡过生命的低谷。

很快，年轻人喜欢上了这份工作，无论对什么样的顾客都十分热情，他的脾气十分好，即便遇到一些胡搅蛮缠的顾客，他也耐心对待。甚至还特地把一些好看的书留出来，送给前来看书的贫困学生。一年下来，他竟然用这种方式默默地资助贫困学生达上万元。他不是名人，身患残疾，可是他周围的人都能感受到他身上散发出来的魅力，他微笑的表情、自信的举动、对生活的乐观吸引着几乎所有人的注意。

气场，看不见摸不着，更装不出来，它更多的表现为对他人的影响。比如以下几种情况：

气场强的人讲话有底气，讲了大家会听，听了还会记住，记住了还会去学。

气场强的人能够感染周围人，带动周遭人群的情绪。

气场强的人能让周围人的注意力不自觉地集中到他身上。

气场强的人能让人忘掉自己原本的个性，甚至完全被对方的性情所“吞没”。

气场强的人对别人始终具有一种震慑力，哪怕他一句话不说，只是面带微笑。

气场强的人内心强大，具备“谈笑间樯橹灰飞烟灭”的气魄。

气场强的人不自觉地就会成为某个领域的领导，哪怕是在一起旅游，他的意见也格外受到人们的关注。

》自测：你的气场有多强

气场是一种看不见摸不着但是能感觉到的心理状态，气场能够感染他人于无形。每个人身上都有属于自己的独特气场，有些人天生气场强，周围的人总能受到其影响，有些人气场弱，总被人视作无物。想知道你的气场是怎样的吗？不妨来做个测试：

1. 和人说话时，你是说得多，还是听得多？

A. 说得多　　B. 看具体情况　　C. 听得多

2. 和朋友相处，你会经常出主意吗？

A. 会　　B. 不确定　　C. 不会

3. 和别人意见不同时，你会怎么做？

A. 坚持自己的　B. 寻求第三方的意见　C. 听从别人的

4. 你很难被说服吗？

A. 是的　B. 很难说　C. 不是

5. 你认为自己很有魅力吗？

A. 是的　B. 不确定　C. 不是

6. 你觉得自己追随者很多吗？

A. 是的　B. 不知道　C. 不是

7. 你给自己的定义更倾向于什么？

A. 天生的领导者　B. 没想过这个问题　C. 默默无闻的小人物

8. 公共场合，你更喜欢做哪件事？

A. 演讲

B. 和熟悉的几个人交流

C. 躲在角落喝酒

9. 在日常生活中，你经常微笑？

A. 是的　B. 看情况　C. 不是

10. 遇到挫折时，你往往会有什么样的表现？

A. 一笑而过，从头再来

B. 看挫折具体给自己造成的伤害大小而定

C. 心情抑郁，可能持续较长时间

11. 空闲时间，你喜欢看什么类型的书？

A. 文化知识类

B. 有什么书看什么书

C. 八卦娱乐类的杂志

12. 你是一个善于倾听的人吗?

A. 是的

B. 看心情与交流的对象而定

C. 不是

13. 你如何看待“尊重”这个词?

A. 很重要，人与人之间交往的基石

B. 有钱有权才受人尊重

C. 尊重值多少钱一斤

14. 请用四个字概括你的人际关系?

A. 好，非常好　　B. 有待加强　　C. 一团乱麻

15. 日常生活中，你的所作所为常得到别人的认可吗?

A. 是的　　B. 多数情况是如此　　C. 不是

16. 你认为自己是个强势的人吗?

A. 是的，毫无疑问　　B. 有些时候是　　C. 不是，我是“弱势族”

17. 你善于承担责任吗?

A. 是的，责任就是我的另一个名字

B. 能推掉的还是尽量推掉

C. 我的外号叫“不负责”

18. 别人评价你的个人形象如何?

A. 很好　　B. 一般　　C. 不好

19. 你觉得自己是个有威信的人吗?

A. 是的，威信十足

B. 不太够，有待加强

C. 从来没有的事

20. 你是一个很有吸引力的人吗？

A. 是的，吸引力爆棚

B. 得具体看对谁

C. 我常常是被别人吸引的人

评分标准

选择 A：3 分　　选择 B：2 分　　选择 C：1 分

现在，请统计你气场测试的得分：＿＿＿＿＿＿。

答案解读

•如果你的气场测试得分处在 20 ~ 33 分，说明你并不是一个有气场的人，在日常生活或者工作中，无论你的意见如何，都常常被人忽略。更多的时候，你喜欢躲在后面，让别人来命令你、领导你去做事情，而不是主动站出来，去影响别人。在人际关系上，你身边基本上没有什么朋友，即便有一两个，他们也常常会忘记、忽视你。你对气场强大的人充满崇拜精神，却不知道该如何改变自己。

•如果你的气场测试得分处在 34 ~ 47 分，说明你的气场平平，既不是常被人冷落的那种人，也不是第一时间能吸引别人的人。无论在生活中还是在工作中，你只是和你谈得来、聊得开的人有正常的交往，虽然你希望自己是个气场强大的人，但也明白那只是想想而已。如果有一个当领导的机会摆在你的面前，你会犹豫着接受，在努力做好工作的同时，担心失败之后自己该怎么交代。事实上，强大的气场离你并不遥远。

•如果你的气场测试得分处在 48 ~ 60 分之间，恭喜你，你是一个气场强大的人，无论处在什么样的情况下，你都会成为核心人物，办公室也好，团队、家庭也好。你身边的人遇到问题时总希望获得你的意见和建议，哪怕这些事情没有你照样可以解决得很好。另外，你身边的人总是莫名其妙地被你吸引，哪怕你什么事情都没有做，什么话都没有说，只是安安静静地待在那里看书、喝饮料。对你来说，强大的气场使你变成一块超大的“吸铁石”，而别人就是铁屑。

第二节 店长的定位：主导者

店长到底处在一个什么样的位置？不同的人可能有不同的想法。有人把自己定位成管理者，有人把自己定位成店长意志的执行者，还有人把自己定位成“夹心饼干”。这三种定位代表了一部分店长的内心认识，但这种认识并不全面。在整个店铺经营过程中，店长所扮演的角色应该是主导者，是主导店铺活动的策划者和执行者，也是主导店员进行店铺活动的领导者。

现在，请你跟着我确认一下：我是 ×× 店铺的店长，我是店铺的主导者，我有权和能力领导店员做好工作，提高店铺销售业绩，提升自我气场。

我需要你以这种思维来重新定位自己，让自己变得更加积极、有气场。店长对店铺的主导作用体现在以下几个方面：

1. 对店铺的掌管

所谓掌管，是指店长在自我权限之内，主动解决店铺、店员遇到的所有问题。请注意，这是一种主动的状态，而不是被动地解决。这种主动主要体现在以下几个方面：

☆ 坚持“责任到此为止”的做法，不把事情、责任推给老板。

☆ 主动与一线店员沟通，为店铺经营指明方向。

☆ 耐心、细致地做顾客的工作，将顾客投诉、抱怨等负面影响降到最低。

☆ 在执行老板指令的同时，根据店铺实际情况进行适当调整。

☆ 定期召开店员会议，了解相关信息并进行决断。

☆ 做好定期检查工作，预防各种突发事件。

店长对店铺的掌控除了以上一些内容外，还有一个非常重要的方面：制定门店的目标并进行管理。管理目标是指一定时期内管理活动与其达到的成果或效果。按照计划的时间性分为战略性的长期目标（10 年以上）、中期目标（3~5 年）、短期目标 (1 年) 和执行目标（季度或月度）。

门店管理可以借鉴企业的目标管理法，以加强销售目标的实现力。门店管理目标一般由店经理自行拟定而后实行，主要包括收集信息、SWOT 分析、设定目标、选择策略、制订计划以及跟踪和控制。

目标管理的九个步骤（如下图所示）：

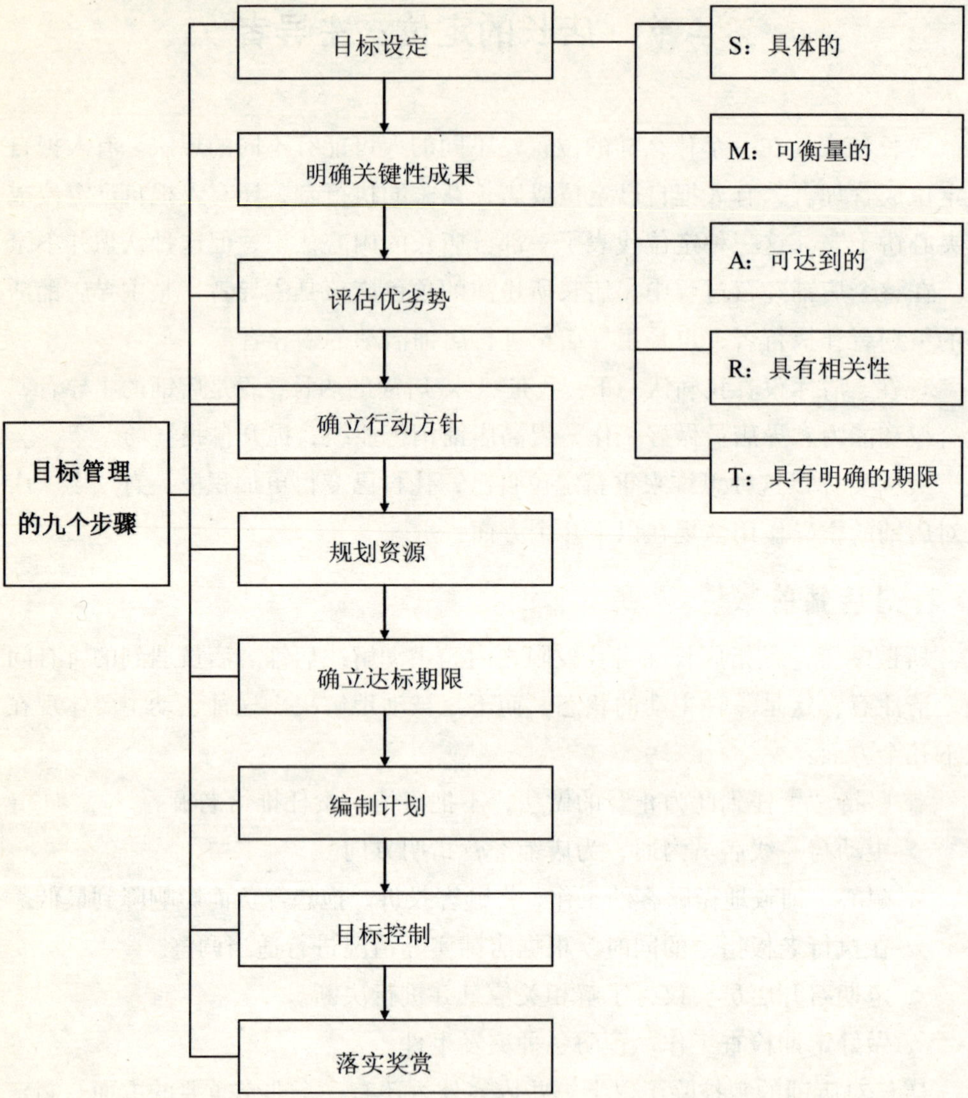

什么样的目标管理是最有气场的？要遵循“SMART”原则。目标管理的SMART原则，已经是管理行业人员的黄金原则，但是真正按照原则做事的管理者，还真是不多，因此，有必要再次列举出来：

（1）“S”——目标必须是具体的(Specific)。

（2）“M”——目标必须是可以衡量的(Measurable)。

（3）“A”——目标必须是可以达到的(Attainable)。

（4）“R”——目标必须和其他目标具有相关性 (Relevant)。

（5）“T”——目标必须具有明确的截止期限 (Time-based)。

任何店长都希望自己定的目标是个好目标，能充分利用店铺现有的资源获得最好的发展，但是在如何得到一个“好目标”，店长就需要从“上”计议，而后三思了。

掌管店铺，不是你想象中“唯我独尊”的做法，而是真正做到“把店铺当成自己的家”、“以主人翁的姿态来管理店铺”。尽管有难度，却值得你去努力。

2. 对老板产生影响

店铺老板和店长的关系处在一种“相互影响”的状态之中。店铺老板通过指令、要求、店铺营销目标等方式影响店长，而店长也通过建议、意见、调整、报告等形式对老板产生影响。当然，老板和店长并不是处在相同的等级之上，这种影响很容易出现“此重彼轻”的情况。如果店长气场足够强大，这种情况会得到很好的抑制，甚至会出现店长主导整个影响过程，让老板“听命于”店长。

情景范例 **老板接受了店长的建议**

“十一”黄金周快要到了，“天天乐”大型超市准备进行促销活动，为了能够在促销的同时打压竞争对手，店长王明在和店员进行沟通之后，决定使用一套“限时特价”的促销方案，即在一个小时之内，店铺内所有的商品都实行超低价销售。实行这种促销方案，能在短时间里把顾客吸引到自己的超市来，刺激顾客去消费，从而降低对手超市的销售量。

这是一个绝佳的促销手段，但在报给老板审批的时候，老板却提出反对意见：这种促销方案太冒险，而且前期广告要投入很多，是不是能够达到很好的促销效果也不一定。

了解到老板的担忧之后，王明再次对这个促销方案进行了解释，并把老板所担心的情况一一列举出来，进行方案的补充和完善。另外，王明还提供了“黄金周之前使用免费传单宣传”的做法，让顾客通过免费发放的传单进行相互转告，解决了广告费用过大的问题。

最终，老板接受了店长的建议，实行了“限时特价”的促销方案。最终结果正如王明所料：非常火爆。

店长和老板的交往过程，店长并不只有听命的分儿。他也可以影响老板，让自己成为店铺经营活动的主导者。

请问，你的气场足够强大吗，你能做到这样吗？

3. 对店员及店员工作进行引导

在很多店长的日常工作中，做的最多的事情是解决店员的问题，而不是引导店员去工作。解决，是一种被动的状态，而引导，则是一种主动。如果以前你一直是在解决问题，那么从今天开始，你就应该学会引导，让店员追随你，而不是你去追随店员。

那么引导店员体现在哪些方面呢？以下几点，你可以趁机自查：

☆ 告诉店员，哪些事情应该注意规避和预防，而不是出现问题之后去解决。

☆ 主动放权让店员自己解决一些事情，而不是亲力亲为。

☆ 交给店员做事的方法，而不是帮助店员做事。

☆ 提高团队精神的培养力度，而不是顾客店员讲究私利。

☆ 用奖励惩罚措施，提高店员的执行热情。

店员在日常工作中很容易遇到各种各样的问题，如果店长每件事情都自己去处理、解决，不仅工作量激增，而且工作效率低下。店长原本是一个领导者，最终却落得一个“保姆”的下场。这样的店长，气场又在何方？

多思考、多引导，少动手，这就是店长应该做的工作。

4. 对顾客进行“教育”

顾客是需要“被教育”的。当你听到这句话的时候，可能觉得有些不可思议：顾客是上帝，我们只有满足他们的分儿，又怎么能去教育他们呢？

事实显然不是如此。举个简单的例子：顾客因为店员的某些疏忽而向你投诉，一般情况下，你可能会简单地把店员叫过来教训一番，然后给顾客赔礼道歉。可是你是否想过：店员是不是也有委屈呢，顾客本身是不是也有错呢？简单的教训、赔礼道歉只会把事情搞得越来越糟糕，让店员失去工作的积极性，让顾客变得更加蛮横无理。

那么教育顾客又是怎么做的呢？首先，你要和顾客一起去了解真相，不仅要让自己，也要让顾客知道店员是怎么想的，真相是什么。其次，你要和顾客解释，店员为什么会出现“怠慢”的情况。最后，你还要让顾客知道，在整个过程中，自己也有错，而不全是店员的错误。

这样解决下来，不仅店员不会受到委屈，而且顾客也会心服口服，认为你的解决是公正合理的。因为他们了解了事情的真相，并且意识到如果自己是店员，可能也会出现类似的情况。

在整个教育过程中，你不是被动地解决纠纷，而是主动利用纠纷做好管理工作。一个被动，一个主动，气场高低立判。当然，不同的顾客类型，店长需要使用不同的“教育”方法，现在我们来总结一下，顾客类型和相应的教育方法，见下表：

顾客类型	表现形态	“教育”方法
含蓄型	性情固执，规规矩矩	要从其动作或表情中留意他想要关心的事物或购买动机，对答谨慎，需仔细观察肢体语言，才能正中下怀
健谈型	聪明、适应能力强，为人大方，对人漠不关心，非常感情用事	此类顾客有发表个人倾向的个性。卖手容易观察其消费动机及对产品的意见，从其侃侃而谈之中掌握其偏好，适时交易
性急型	性情急躁，爱发脾气，善变	对此类顾客应迅速招呼服务，使其感觉我们动作快，切莫让他感到不耐烦
迟钝型	爱好始终不强烈，不易兴奋	此类顾客不会轻易决定购买或确定服务类型，耐心倾听。应多沟通，促使其接纳最合适的服务项目或产品
包容型	乐观、亲切，害怕权威	外表斯文，自尊心强，好面子，对话时要客气、谨慎，使其感觉实在，可信度高
挑剔型	个性执拗，不易相信别人，爱挑剔	切忌多言，言多必失，避免与其恶言辩论，细心听取其批评，了解其偏执原因，也许是听了他人之言，要解其心结
知音型	容易兴奋，爱好改变不强烈	此类顾客自命内行，对产品似懂非懂，特别关心其使用方法。应设法迎合其心理，争取共鸣，有时也可采取请教方式与其沟通，不可掉以轻心
抑制型	爱好永久性强烈，不易兴奋	此类顾客眼神飘忽不定，难做决定。必须详细说明产品类型、颜色、效果、价格或服务项目的内容，设法排除其抵抗心理，只要其心中有安全感，必能两全其美
疑虑型	聪明，缺乏独创性	此类顾客个性偏执且难以相信别人。谈话时必须了解其疑虑点，耐心说服，解开疑问，对方在体会产品品质和服务内容后，会成为长期顾客

第三节 店长气场的“三维式”展现

店长是不是具备强大的气场，并不是他们自我感觉能够得出的结果，而是在很多方面能够展现出来的。在整个店铺的经营活动中，店长的位置非常微妙，既要面对老板和店员，也要面对顾客。而且无论是老板，还是店员、顾客，彼此之间都相对独立。对于店长来说，这就是一种“三维”式的环境。

为什么要把店长的这种“三维”式的环境解释得那么清楚呢？因为这对于提高店铺的气场非常有好处。现在我们就来彻底了解一下这个“三维”式的环境。

1. 顾客

尽管很多场合店长并没有和顾客直接联系或者见面，但在顾客投诉、需要解决问题、满足特殊需求等方面，店长和顾客的接触就不可避免，而且店长的气场大小直接决定顾客对店铺的满意度大小。

很多时候，店长是顾客投诉的最终解决者，顾客在和店员交涉的过程中，很容易脱口而出“把你们店长叫来”，这样做有两个原因：

第一，店长具备解决这些问题的权利，在解决这些问题的时候更具有主动性。

第二，和一般店员相比，店长更具有说服力，更容易沟通。

要做到以上两点有一个前提条件：气场。如果店长气场很弱，即便手中有权可以解决这些问题，但并不具备主动性，也很难具有说服力，甚至还会把事情搞得更糟糕。

情景范例 **我要找你们店长**

一位顾客在某超市购物的时候，想要看看玻璃器皿。当他从导购员手中接过玻璃器皿的时候，没有拿稳，玻璃器皿掉在地上摔碎了。导购要求顾客赔偿，而顾客则一口咬定是导购自己没有拿好，把器皿掉在地上的，他拒绝赔偿。

争执不下之时，顾客叫嚷起来：我要找你们店长，让他来和我说话。很快，导购把店长找来解决这件事情。店长在了解到事情的经过之后，一边安抚顾客的情绪，一边叫来保卫科的人，让他把刚才的监控录像调出来，以查证事情真相，看看到底是导购摔碎了器皿，还是顾客不小心摔碎了器皿。

在真相面前，顾客停止了争辩，乖乖地交了赔偿款。不过店长为了打破尴尬的局面，赠送了顾客小礼物。

很显然，这个玻璃器皿店铺的店长把事情解决得很到位，很有气场。在顾客面前，店长往往扮演的就是解决者的角色。既然要解决问题，就应该做到以理服人，让真相大白于眼前，这就是气场。在这里附上“顾客投诉表单”供店长使用：

店铺名称	
投诉人信息	
姓名	
住址	
联系方式	
投诉信息	
投诉时间	
接待人姓名	
接待人部门	
投诉事由及要求	
记录人签字	
处理意见	
涉事店员意见	
被投诉部门班组长意见	
店长意见	
店铺老板意见	

2. 店员

在店员面前，店长扮演的是领导者的角色。我们常常听到一种理论：要想领导好下属，领导者自身的魅力不可缺少。那么请问，什么是领导者自身的魅力？在这里我们可以用气场来解释。领导者具备了气场，就具备了魅力；反之亦然。

具体来说，这种气场就是能够让店员听命于自己、服从于自己的号召力。

如果你要想衡量一下自己是否具备这种号召力，可以使用以下几点标准：

☆ 在接受指令之后，店员的执行力很高。

☆ 面对指令，店员不会讨价还价。

☆ 店长解决问题之后，店员尊重解决结果。

☆ 店员服从店长的指派。

☆ 店员承认店长的威信和地位。

☆ 店员认同店长的管理。

现在，你可以衡量一下，你在管理店员的过程中，又是一种什么样的情况？不妨把这种情况如实记录，并进行对比，由此你可以知道自己的气场到底是强还是弱了。

____

____

____

3. 老板

老板是整个店铺的拥有者，是店铺事务的最高决策者，也是店铺经营最终受益者。和店铺老板相比，店长的身份要低微很多，而且店铺管理得好还是坏，和店铺老板的关系更为密切。那么这是不是意味着店长在店铺老板面前，就无所谓气场不气场了呢？不是的。

有气场的店长不仅可以管理好店铺的工作、店员，而且还能间接“管理”老板。这种管理是内在的、非权力的。比如，有气场的店长可以说服老板支持自己的管理工作，可以透过老板推行自己的促销方案，甚至可以让老板放手，把更大的权力交给自己。

情景范例 **老板都是听店长的**

Tony是某品牌服装店的店长，在大学学的就是服装设计，而且他对顾客的心理了解得相当多，能够通过和顾客有效的沟通，从而满足他们的需求。另外，Tony对店员管理的工作也有独到的理解，无论是他制定的规章制度，还是做出的安排指派，店员都会遵照执行，没有二话。所以，他表现得很有气场。

这种气场还表现在他对店长的“指挥”上。有一次，他制定了一个促销方案，老板也制定了一个促销方案。两个方案相差很远，但是Tony凭借自己的专业能力和经验最终说服了老板使用自己的方案。促销之后，效果良好。从此以后，老板对Tony总是“言听计从”。店员私下里“笑话”老板：连你都是听店长的。

为什么店铺的老板也对Tony店长言听计从？因为店长气场强大，不仅让店员无法抗拒，而且老板也认定他的做法是正确的，自己能够放心地把更大的权力交给他。由此可见，店长气场的威力到底有多大了。

第四节 什么样的店铺急需气场型店长

任何一家店铺都需要气场型的店长，这是毋庸置疑的。不过相比较而言，有的店铺对气场型店长的需求更为强烈、急迫。具体来讲，有以下几类：

1. 业绩急剧下滑

业绩急剧下滑，是一个店铺走向衰弱最为常见的特征之一。当你发现自己的店铺业绩在没有受到明显外界因素的影响而急剧下滑时，应该反思一下自己：是不是我的弱气场影响到了店铺的销售或者店员的积极性，我在哪些地方做得不够好？而不是简单地把责任推到“市场不景气”、“金融危机的影响”、“店员工作积极性不高”等问题上面。原因很简单：无论是市场大环境，还是店员工作小环境，都不会给店铺的业绩造成很大的影响。因为你的店铺销售不好，你的竞争对手却能大肆盈利。同样的市场大环境，同样的商品，为什么你的店铺业绩总是不乐观呢？归根结底，还是作为店长的你没有强大的气场，导致了一系列问题出现，影响了业绩的攀升。

那么如何才能判断店铺的业绩正在急剧下滑呢？我们可以通过一些指标进行判断（以每10天为一次检测时间段），见下表：

	日客流量	日进店率	日成交量	客单价	客单商品数量	购物满足感	日销售总额	同比销售情况比较	日利润率	店铺库存信息	折赠品数量
1日											
2日											
3日											
4日											
5日											
6日											
7日											
8日											
9日											
10日											

业绩下滑，这就涉及店铺管理中一个重要的话题：业绩管理以及店员绩效考核同样关系到店长气场的形成和彰显，那么在这方面，店长需要做什么，该如何做呢?

我们先来看一个业绩管理的流程图：

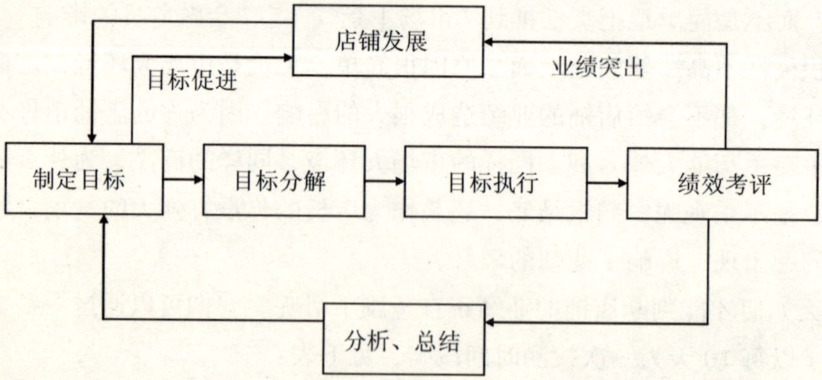

上图是业绩管理的一个简单流程图。一个完整的业绩管理工作过程一般包括：制定目标、目标分解、目标执行、绩效考评和分析总结五个阶段。制定目标就是为了求业绩、求发展，而好的目标又可以出好的业绩，好的业绩肯定会促进店铺发展，同时店铺发展强大了，目标自然就远大了，因此店铺如果能够

按照图中良性循环下去，必然“前（钱）途无量”。

制定目标、目标分解及执行我们已经在第一章做了探讨，下面我们一起来研究一下绩效考评的相关问题。

◎业绩考评需要一个愉快的环境

绩效考核是业绩管理的核心部分，对一个店铺来说，没有业绩考评就无法充分发挥店员的积极性，无法从销售额中获得利润，无法完成店铺的远大目标。但是绩效考核一定不要走入歧途：考核制度过于烦琐、严格，给所有店员造成“压迫感”，这样不但起不到提升店铺业绩的效果，反而会让店员过于压抑，失去积极性和能动性，出现疲于应付、为考核而考核的不良后果。

无论什么样的考核，都不是最终目的，而仅仅是手段。绩效考核不能以店员的“身心疲惫”为代价，这样是得不偿失的。因此，为店员留下“工作愉快”的空间，为顾客创造“合作愉快”的空间，是绩效考核尺度合理与否的一个主要标志。建立合理的绩效考核尺度及体系，不要忽视快乐也是一种生产力。聪明的店长往往更看重情绪对店员甚至对整个团队的影响，这种易于被感染与传播的力量能够使每一位团队成员加速完成既定的销售目标。绩效考核是用来“考”人的，人必定是有情绪的，而快乐的心情是一种巨大生产力，可推进店铺更良性地发展运作。

◎奖惩分明是最有效的业绩管理

评比考核必定有好坏之分，因此也必定要与奖惩挂钩，这样考核才有意义。而且，奖惩还是激励店员、调动店员积极性的好方法。

奖惩制度一定要公正、公开、公平，真正做到赏罚分明，只有这样才能激发店员争创优秀业绩的动力，挖掘店员的潜力。

激励措施是所有业绩管理体系的重要组成部分，不过，“胡萝卜加大棒”的效果往往会更好。要改变长期的积习，店长和店员在无法达到业绩要求的情况下，就必须承担所产生的一切后果。店长对业绩低下的店员需要慎重处理。如果店员仅仅是因为工作能力不行而效率不高，工作态度较好，店长可以为其提供培训。但对那些怠工的店员，店长绝不可姑息纵容，第一次可以好言相劝，如果仍无悔改，则要严肃惩处。

◎完整的绩效考核内容

第一，店员绩效考核的两个内容。首先是店员的销售目标完成量。店员的销售目标完成情况，具体表现为完成工作的数量、质量、成本费用以及为店铺做出的其他贡献等。它也是绩效考核最基本的组成部分。一般通过定性或定量的数据进行评价。

其次是店员在工作过程中所表现出来的行为。店员为完成某项工作结果的行为、表现和素质，也是绩效考核的内容。因此，店员的绩效考核并不仅仅是指店员销售额的多少。如某店员为了完成销售额，违反了店铺的规章制度，做了有损店铺形象的事情，那么综合起来考核，这个店员的绩效至少不能算好。一般店员的工作表现采用行为性的描述来进行评价。

第二，绩效考核周期的确定。所谓考核的周期，就是指多长时间进行一次考核。首先，绩效考核周期与考核目的有关。如果为了奖惩，那么就应该使考核的周期与奖惩的周期保持一致；如果考核是为了续签聘用协议，则考核周期应与店铺制定的店员聘用周期一致。

其次，绩效考核周期还与考核指标类型有关。如对店员销售量绩效就要分月考核，周期较短且定期进行。这样有利于及时改进工作，避免将问题一起积攒到年底来处理。

对整体工作表现，则适合在相对较长的周期内进行考核，例如季度、半年或一年，因为人的行为、素质等具有一定的隐蔽性，需通过较长时间考察才能下结论，所谓“路遥知马力，日久见人心”。但是，店铺应进行一些简单的日常行为记录，以作为考核时的依据。

第三，清晰界定绩效考核重点。绩效考核的根本目的是通过对店员的品德、能力、工作态度、业绩和潜力等进行考察核定，结合人事调配、晋升、报酬以及教育培训等管理手段，提高每个店员的能力、素质和士气，实现店铺目标。店员绩效考核的具体目的决定着考核内容与考核重点的差异。

第四，绩效考核是需要不断完善的过程。店员绩效考核绝非一日之功，不能一蹴而就。实践中，有不少曾经认真做过绩效考核的店长，都因为看不到结果或者坚持不下去，最终半途而废或者变成走过场。绩效考核工作需要经过长期的观察、分析和总结，只有准确地设定考核指标、考核周期并坚持执行，才会起到它应有的良好效果。

◎业绩管理与绩效考核所需的工具

①工作进度汇报表，如下表所示。

被考核人		日期	
已完成的主要工作			
未完成的主要工作			
问题和建议			
意见指导			

工作进度汇报表是目标管理的重要工具，考核人可以从进度汇报中了解被考核人的工作进展情况，并及时做出具体的指导；被考核人可以通过进度汇报进行工作总结，提出适当的建议，并获得考核人的指导。另外，工作进度汇报表还可以作为考核期结束后进行考核的重要依据。

②员工工作任务绩效考核表，如下表所示。

被考核人			考核人		
工作任务	考核标准		权重	自评	考核人评分
1.					
2.					
3.					
4.					
5.					
考核人意见				总分	
考核人签字		被考核人签字		审核人签字	

工作任务：工作任务可以分为创新型任务和常规型任务两种。常规型任务是指那些周期性的、不再需要被考核人改进的工作。创新型任务是指那些需要改进工作现状、以提高工作效率为目的的工作。考核表中的工作任务应该以创新型任务为主，以常规型任务为辅。

工作任务应该符合 C-SMART 原则：C（Customer orientation）表示顾客导向，即围绕内外部顾客的需求制定工作任务；S（Specific）表示任务是具体的；M（Measurable）表示任务是可以衡量的；A（Attainable）表示任务是经过努力可以达到的；R（Relevant）表示任务是与职责相关的；T（Time-based）表示任务是有完成时限的。

考核标准：考核人可以从完成时间、完成质量、成本三个方面设计考核标准，这些考核标准可以是数字的、比例的或者描述性的，同时注意考核标准应该方便收集。

权重：是指各项任务在考核期内重要性的比例，各项任务权重之和为100%。分配权重的原则应该是对创新型任务多分配，对常规型任务少分配，而不是以完成任务所需的时间来分配。

③员工综合绩效考核表，如下表所示。

被考核人姓名：　　　　　　　　部门　：　　　　　　　　职位：

评价目标		评价标准					初核得分	复核得分
出勤		1. 出勤：旷职扣5分/次，事假扣2分/次，早退或迟到扣1分/次						
奖惩		2. 奖惩：失误扣5分/次，嘉奖加5分/次。失误次_______ 嘉奖次_______						
基本情况25分	团队精神	对集体漠不关心，不愿并且很少参加公司的群体活动	对集体不太关心，不主动参与公司的集体活动，经劝说有时能参加	能参加公司所有的集体活动	关心集体，主动参与公司的集体活动	关心集体，积极地倡导并组织公司的集体活动	初核得分	复核得分
	分值（5）	1	2	3	4	5		
	责任心	敷衍无责任心，做事粗心大意	交付工作需常督促，才能完成	有责任心，能自动自发	工作努力，分内工作非常完善	任劳任怨，尽所能完成任务	初核得分	复核得分
	分值（5）	1	2	3	4	5		
	积极性	无论怎样督促也不上进，工作挑挑拣拣，避难就易	遇问题和困难就垂头丧气，不出成果	不知疲倦，不断进取	求知欲强，并把知识用于实践，弥补自己工作中的不足，永不满足，努力提高自己素质	勇于挑战，不畏困难，为实现目标竭尽全力	初核得分	复核得分
	分值（5）	1	2	3	4	5		

（续表）

基本情况25分	原则性	原则性差，是非不分，常常拿原则做交易	原则性较差，有时为了情面放弃原则	一般情况下，能坚持原则，但不能硬碰	原则性较强，是非分明，能开展批评与自我批评	原则性强，敢于硬碰，能同违法乱纪的现象作不懈的斗争	初核得分	复核得分
	分值（5）	1	2	3	4	5		
	协调性	不推不动，但求自己方便合适	只考虑本职工作，对其他事情不闻不问	理解领导意图，主动为领导分担责任，乐于助人	充分理解群体目标，乐意为群体目标的实现做贡献	不惜牺牲自我，通力合作	初核得分	复核得分
	分值（2.5）	0.5	1	1.5	2	2.5		
	纪律性	组织纪律性差，有违法乱纪行为	组织纪律性较差，规章制度执行不严，偶有违纪现象	有一定组织纪律性，能遵守党纪国法和各项规章制度	组织纪律性较强，自觉遵守党纪国法和各项规章制度	组织纪律性强，带头遵守党纪国法和各项规章制度，并督促他人遵守	初核得分	复核得分
	分值（2.5）	0.5	1	1.5	2	2.5		
工作能力30分	学习能力	缺乏本职专业理论知识	对本职专业理论知识只粗浅了解	一般性掌握本职专业知识	掌握本职专业理论知识，具有一定深度	系统全面掌握本职专业理论知识，对某些问题有独特见解，是本专业的行家	初核得分	复核得分
	分值（5）	1	2	3	4	5		
	专业知识	缺乏本职专业理论知识	对本职专业理论知识只粗浅了解	一般性掌握本职专业知识	掌握本职专业理论知识，具有一定深度	系统全面掌握本职专业理论知识，对某些问题有独特见解，是本专业的行家	初核得分	复核得分
	分值（5）	1	2	3	4	5		

（续表）

工作能力30分	本职业务能力	本职业务能力差，难以胜任本职工作	本职业务能力较差，在具体指导下能符合工作要求	本职业务能力一般，能独立胜任本职工作	本职业务能力强，能独立处理较复杂的业务工作，是业务骨干	本职业务能力强，能妥善解决本部门关键复杂的业务问题，事业上的带头人或尖子	初核得分	复核得分
	分值（5）	1	2	3	4	5		
	创新能力	不能创新，处事草率，不愿打破现状	尚能规划，少创新，多半墨守成规	有创新，能改进自己的工作	富有创新，足智多谋，态度积极。能自动研究创新	处事善于规划，能积极提出独特见解	初核得分	复核得分
	分值（5）	1	2	3	4	5		
	判断能力	理解迟钝、判断力不强，只依上级指示执行	理解较迟，对复杂事件判断力不够	理解判断力普通，处理事务不常有错误	理解力良好，对事判断正确，处理力强	有高度敏锐的分析能力，理解力非常强，对事判断极正确，处理力极强	初核得分	复核得分
	分值（5）	1	2	3	4	5		
	沟通能力	谈话说服力差，态度生硬，缺乏谈话技巧，难以被人接受	谈话说服力较差，不善于疏导，有时不易被别人接受	谈话说服力一般，有一定疏导技巧，尚能被别人接受	谈话说服力较强，态度诚恳，善于疏导，说服效果较好	谈话说服力强，谈吐亲切和蔼，语言诙谐幽默，富有魅力，能自然、有技巧地说服别人	初核得分	复核得分
	分值（2.5）	0.5	1	1.5	2	2.5		
	书面表达能力	书面表达能力差，文章结构零乱不规范，语病和错别字多	书面表达能力较差，文章不够通顺，有语病	有一定书面表达能力，文字通顺，表达清楚，较少语病	书面表达能力好，文章结构合理，文字简洁	书面表达能力很好，结构严谨，文字流畅、简练、生动，文章质量高	初核得分	复核得分
	分值(2.5)	0.5	1	1.5	2	2.5		

（续表）

工作成绩45分	任务完成情况	没完成规定任务	基本上完成规定任务	规定任力完成较好	比规定任务完成得多	比规定任务完成的既好又多	初核得分	复核得分
	分值（15）	1~2	3~5	6~9	10~12	13~15		
	工作质量	工作质量低劣，经常出现差错	一般能完成工作任务，质量处于平均水平	能完成工作，工作质量比较好	按期完成任务，工作质量较高，无重大失误差错	提前完成任务，工作质量突出，无差错	初核得分	复核得分
	分值（15）	1~2	3~5	6~9	10~12	13~15		
	工作效率	工作效率低，经常完不成任务	工作效率较低，需要别人帮助才能完成任务	工作效率一般，能按时完成任务，基本保证质量	工作效率较高，能及时保质保量完成任务	工作效率高，完成任务速度快，质量高，效益好	初核得分	复核得分
	分值（15）	1~2	3~5	6~9	10~12	13~15		
初核	基本情况		工作能力		工作成绩		总分数	
复核	基本情况		工作能力		工作成绩		总分数	

④每日销售报表，如下表所示。

店铺名称：　　　　　　　　　　　　　　　　　　　　　　　　年　　月　　日

小票号	款号	尺寸	颜色	数量	单价	金额	折扣率	实收金额	备注

续表

总票数		总件数				总金额		购物袋	
天气				备注					

填表人：　　　　　　　　　　　　　　　　　　店长：

⑤每日时段销售统计表，如下表所示。

店铺名称：　　　　　　　　　　　　　　　　　　　　　年　　月

日期	日		日		日		日		日		日		日	
星期	一		二		三		四		五		六		日	
时段	票数	销售额	票数	销售额	票数	销售额	票数	销售额	票数	销售额	票数	销售额	票数	销售额
10:00 前														
10:00~11:00														
11:00~12:00														
12:00~13:00														
14:00~15:00														
16:00~17:00														
17:00~18:00														
18:00~19:00														
19:00~20:00														
20:00~21:00														
21:00~22:00														
22:00 后														
合计														

填表人：　　　　　　　　填表日期：　　年　　月　　日　　　　　　　　店长：

⑥每周销售报表，如下表所示。

店铺名称：　　　　　　　　　　　　　　　　　年　月　日　至　月　日

款号	单价	上周结存	本周进货	本周销售							合计		调换		本周结存	备注
				日	日	日	日	日	日	日	件数	金额	调进	调出		
合计																

填表人：　　　　　　　　　　　　　　　　　店长：

⑦每月销售报表，如下表所示。

店铺名称：　　　　　　　　　　　　　　　　　　　　年　月

款号	单价	上月结存	本月进货	本月销售		调换		本月结存	备注
				件数	金额	调进	调出		
合计									

填表人：　　　　　　　　　　　　　　　　　店长：

2. 管理明显混乱

在日常管理当中，很多店铺都存在管理混乱的情况。该理货的时候没人理货，该下架的商品没有下架，员工之间相互推诿，出了问题找不到负责人……出现这些问题，责任在谁？在店长。

说到这里，很多店长也觉得很委屈：不是我工作不力，而是这些店员根本不愿意听我的，我该怎么办？如果是这种情况，原因只有一个：你的气场太弱了，根本无法领导店员去工作。

情景范例　　**责骂的后遗症**

某大型洗浴中心为了赢得回头客，实行了会员优惠制度，只要到这个洗浴中心消费一次，就能免费成为其会员，再次消费就能享受8.8折的优惠。只是在这个过程中，出现了一些问题，其中最为严重的就是“套卡”现象，就是说同一个卡号竟然有两个客户的名字存在。

这是什么原因呢？很多店员都把情况反映到店长那里，寻求解决之道。不料，店长在听了店员的汇报之后，愤怒异常，大骂店员工作不仔细，给洗浴中心造成了损失。他甚至还威胁店员，如果再出现这种情况，就要扣除他们的奖金和福利。

受到责骂的店员觉得很委屈，这并不是他们的错。也正因为如此，他们认为这个工作没有意思，不愿意再努力工作。渐渐的，顾客的投诉越来越多，洗浴中心的业绩一路下滑。

后来，经过老板的查证之后才发现了问题的根源，原来是制卡公司在制作过程中出现了失误，同一个卡号竟然出现在两张卡上，导致了“套卡”现象。

没有气场的店长，无法真正领导店员开展店铺活动，会使得管理工作陷入混乱之中，即使原本业绩良好的店铺，最终也会变得怨声载道，业绩下滑。在我们身边，这样的店铺并不少见。

要想提高店长在店铺管理上的气场，首先得了解店铺管理的主要内容。总的来说，有以下几个方面：

◎ 进货与补货的管理

首先，店铺要严把货品的质量关，认真对待收货、验货工作。若包装损坏或货品数量不符，店铺可以拒收，并追究承运方责任，通知供货商。为了公正、安全，店铺须有两人以上在场方可开箱验货，根据随货清单（出库单）检查货物数量是否相符，有无质量问题，检查无误后，负责人需在商品验收单（回执单）上签字后回复公司，并做入库记录。如有问题，须将情况反馈供货商，由供货商根据实际情况做出处理。

其次，要保证货品保时保量地供应，出现不足要及时记录、补货。货品入库后，需要定期进行盘点。每次盘点时，店长必须在场。初盘时，按品种、规格等分类清点，并填写盘点表。初盘后，交叉对产品进行复盘（抽点）。复盘如发现差错，需要对所有产品进行重盘。盘点结束后总结盘点报告，及时做出决策。为了能对店铺物品进行有效管理，要求店铺每日检查库存，及时补货，确保每天有足够的产品供应；每天填写日销售报表，方便定期整理。

◎ **售货的管理**

货品的陈列对销售货品非常重要。货品的陈列要体现店铺的风格、档次、形象，让顾客一目了然地了解货品的款式、质量、搭配，直接刺激销售，提升业绩。货品陈列要遵循重点产品展示于重要位置的原则：重点产品主要包括促销品、畅销品、新产品、高利润产品；重要位置主要指店头区、主要通道两侧、进门右侧区、收银台附近。陈列产品要定期更换。

另外，促销产品一定要重点突出，可以划出促销区，摆出整齐、紧密且量大的格局，而陈列高度以 1 ~ 1.5 米为宜，刺激消费者的视觉，给消费者一种商品丰富、品种齐全的感觉，激发其购买欲望。

◎ **退货的管理**

一件产品因质量上出现问题或人为原因导致污损而不能销售给顾客的，称为次货。次货处理要求：若发现次货，应立即移离货架，以免影响店铺形象。对移离卖场的次货，尝试给予修补，并用白纸写明次货原因、标注在问题处，交由店铺负责人处理。

当有消费者退货时，不管是何种情况，店员都要保持微笑，有礼貌，有耐心；要认真查询及聆听对方退换货原因；礼貌地请顾客出示收据单并检查顾客带回的货品状况。如符合要求，按照退（换）货原则办理手续。对新取的货品，应请顾客试穿或检查质量。退回产品款项后，应填写退款单。特别注意：在顾客过失性退换货面前，宁愿牺牲一些店铺的利益也要尽量让客户满意，因为顾客的不满可能会导致店铺更大的损失。

◎ 存货与物流的管理

货品储备是店铺营运的基础，其重要性不可忽视。有效的库存与物流管理不仅能满足顾客的需求，对加盟店来说，也有助于控制费用、提升利润空间。加盟连锁店应及时向公司反馈信息，以便货物调配工作有效进行。为增加产品销售机会，专卖店可以根据实际的销售情况，保持合理的库存量。

◎ 门店“场”的管理

门店“场”的管理主要包括店铺环境以及店铺氛围。店铺环境主要包括店铺外观、内貌、店内布局、商品展示；店铺氛围主要是指店铺的人气，既包括销售人员的精神状态，也包括消费者消费活动中的气氛。

3. 竞争能力低下

店长，是店铺经营活动的具体策划者和执行者。无论是经营战略，还是具体的促销活动，都由店长具体执行。从这个角度来说，店长的能力直接决定店铺的竞争能力。在此我们要注重两个词：能力和执行。两者之间是不是等同关系呢？有能力就一定会有好的执行吗？不一定。有的店长能力很不错，但是在执行的时候却总是出现差错，店员不听指挥调配，各行其是，最终导致竞争活动失败。

为什么会有这种情况？说到底，还是气场低弱的原因。

气场低弱，在执行竞争活动的时候，很容易出现以下几种能力体现不出的情况：

☆ 店员不认同店长的能力。

☆ 店员无法理解店长的意思。

☆ 在执行过程中出现偏差。

☆ 店员以自己的想法代替店长的意思。

☆ 竞争活动半途而废。

☆ 面对对手的进攻无力反击。

一旦出现以上情况中的一种，店铺的营销活动就会受挫，竞争力就会下降。要想改变这一切，唯有提高店长的气场一条路可走。不然，再好的创意、再好的促销时机、再好的商品都将成为摆设，毫无用处。

下表为店铺竞争力评估表：

店铺名称			店长姓名	
地址			联系电话	
1. 店铺对顾客分析的投入与力度				
很小很低	比较低	一般	比较高	很大很高
2. 店铺目前的市场占有率				
很小很低	比较低	一般	比较高	很大很高
3. 店铺对竞争对手分析的程度与力度				
很小很低	比较低	一般	比较高	很大很高
4. 店铺商品 / 服务的独特价值				
很小很低	比较低	一般	比较高	很大很高
5. 顾客对店铺商品 / 服务的满意度				
很小很低	比较低	一般	比较高	很大很高
6. 店铺销售渠道的有效性				
很小很低	比较低	一般	比较高	很大很高
7. 店铺销售渠道的创新程度				
很小很低	比较低	一般	比较高	很大很高
8. 竞争对手销售成本与本店铺相比				
很小很低	比较低	一般	比较高	很大很高
9. 本店铺财务情况如何				
很差	比较差	一般	比较好	非常好
10. 本店铺店员的工作效率				
很小很低	比较低	一般	比较高	很大很高
11. 本店铺在产品、服务开发上的投入				
很小很低	比较低	一般	比较高	很大很高
12. 本店铺对顾客的吸引力				
很小很低	比较低	一般	比较高	很大很高
13. 店员对本店铺销售的认可度				
很小很低	比较低	一般	比较高	很大很高
14. 本店铺对社会的正向影响力				
很小很低	比较低	一般	比较高	很大很高
……				

4. 信誉力弱

当店铺在经营过程中因某个事故而信誉受损时怎么办？对，你想得很对，危机公关。如果店铺的危机公关不能很好地开展，将会给店铺造成新的信誉伤害。

情景范例 **信誉的二次伤害**

某超市因为店员的疏忽，把一些过期的食品摆上了架。顾客买了这些食品之后，出现了轻微的食物中毒。很快，媒体就知道了这件事情，并进行了报道，使得超市的信誉力受到了严重的削弱。

为了解决这件事情，该超市的店长制订了公关方案：公开向中毒顾客道歉，赔偿一切费用，而且赠送相应的食品作为补偿。在做这些事情的时候，邀请当地的媒体进行报道，以改善店铺的形象。实际上，这个公关策划还是比较周全的，如果能够好好执行，确实能补救店铺的形象。

遗憾的是，在执行过程中又出现了差错——粗心的店员不听店长“再三检查生产日期”的要求，把过期的食品放在了赠品当中，送给了那些还躺在医院病床上的顾客。毫无疑问，在媒体的二次曝光之下，店铺的形象遭受了毁灭性打击，恐怕再难有翻身之日了。

在危机公关当中出现信誉的二次伤害，责任在谁？不仅仅在那个粗心的店员身上，而且也在店长身上。要想让这个店铺再次走上正常的经营轨道，缺少气场型的店长难度是很大的。

2 第二章

个人形象，抓住气场的首因

一个店长到底是否具备强大的气场，个人形象是首因。这里的个人形象不仅仅指容貌、服装，而且还包括店长在日常生活、工作中表现出来的心态、魅力、风度等很多方面的内容。

作为一名店长，你可能早已意识到要提升自我的个人形象，不过是否仅仅只是在外表上改善，而忘记内在素质的提升了呢？如果确实如此，不妨从现在开始进行学习，内外兼修。

第一节 店长的魅力与风度

修炼气场，是不是等于“沉下脸”，当一个“黑脸包公”就可以了？如果你是这么想的，就大错特错。或许当你以这种姿态对待店员的时候，他们往往慑于你的威严而执行你指派的工作，但你要明白，这并不是真正的气场。气场，首先要讲究个人的魅力和风度。在这里你需要走出一个误区：气场，不是鲁莽，更不是蛮横。

对于这一点，你是否有自己的理解呢？

情景范例 两片创可贴的魅力

林女士到海南出差，忙完后第二天准备回程，可她的几个同事想逛逛，也算是不虚此行。逛着逛着，林女士因为穿新鞋的缘故，脚后跟被磨破了。这时她们逛到了一家服装店，同事们开始购物，林女士则坐在店铺的椅子上休息。

林女士：“不好意思，请问店里有创可贴吗？”

店长：“小姐您怎么了？受伤了吗？”

林女士：“嗯，脚后跟破皮了！”

店长：“那一定很痛，可能是穿新鞋走路的缘故，店里刚好没有创可贴，真的很不好意思，您稍坐一下休息一会儿！”

同事：“不然我们找个地方休息好了，林的脚也不方便继续逛了！”

于是林女士一行人离开服装店。走了大约100米，只听后方传来一阵阵呼唤，原来是刚才那位女店长气喘吁吁地跑来。

林女士：“店长，这么急跑来，请问有什么事吗？”

店长：“是这样的，这里有三片创可贴，是我到隔壁借的。我怕您的脚受伤了走路不方便。”

林女士：“谢谢！”

店长：“来，我们先找个地方坐下，我帮您贴上！”

林女士：“这怎么好意思，我自己来就可以了，谢谢您！”

店长：“没事，各位都是第一次来海南玩，我应该尽尽地主之谊呀！”

林女士："那就谢谢您了，真不好意思！"

就这样，林女士被这位店长的热忱感动了，回家后立刻上网发了微信，将事情的经过贴在上面，并倡议以后来海南游玩的人都到这家店逛逛。这，也算是对店长的一种回馈吧！

请问，如果你是案例中的林女士，难道不会被店长的殷切关怀感动吗？而从店长的角度来说，仅仅只是两片创可贴，就彰显出自己的魅力与风度，深深地影响了林女士等人。这个店铺，有这样的店长足矣！

既然店长的魅力与风度对气场有如此重要的作用，那么这种风度应该如何体现出来呢？要坚持两个标准：第一，提供服务做到顾客至上；第二，管理店员做以人为本。

下面我们就来说说这两个方面：

1. 提供服务做到顾客至上

店员在工作的时候，往往是以店长为行为模范的。要想让店员做到顾客至上，店长首先要做到这一点。因此，店长无论什么时候，无论面对什么样的问题，都应该秉持"顾客至上"的理念，对顾客始终保持热情至诚的态度。真正的热忱是你对工作的感情和兴趣，是你尽心尽责、精益求精的追求，是你激情洋溢的自信状态。真正的热忱流露在你的眼神中、你的言谈举止中，它让你学会倾听顾客的声音，学会关心他人的需要。

进行顾客管理、了解顾客，一种切实可行的办法就是实施巡视管理。巡视管理就是深入现场，在顾客之间巡视，倾听顾客意见，与顾客接触。一个卓越的营销管理者在巡视的时候，要进行许多活动，归纳起来至少有以下四个方面：

◎制定有效倾听的策略

第一，鼓励他人说话。自然友好的表情和全神贯注地倾听对方谈话的态度，能够鼓励他人畅所欲言。诸如"我对您刚才说的很感兴趣""您说的真有意思"等语言，颇能激发顾客打开话匣子。

第二，反馈性归纳。即不时地把对方谈话的内容加以总结并征求其意见，如"您刚才说的话是这个意思吗？"这也说明巡视管理者对顾客的观点慎而重之，并使顾客有重申和澄清其本意的机会。

第三，进入角色地倾听。在倾听顾客所谈内容的同时充分理解顾客的感情。

第四，避免争论。当顾客在说一些没有道理的事情时，不要急于纠正。

在谈话开始的时候要避免谈那些有分歧的问题，而是强调双方看法一致的问题。

◎采用有效倾听的方式

倾听有许多方式，概括起来主要是“走出去，请进来”和“利用通信系统与顾客沟通”。

第一，拜访顾客。即深入顾客中间，倾听他们想说的事情和如果不给予帮助他无法说清的事情。抽出时间与顾客在一起是非常重要的，这样可以进行相当广泛和详细的市场调查，了解顾客对店铺及所提供的产品和服务是否满意。

第二，顾客会议。即定期把顾客请来举行讨论会。

第三，利用通信系统与顾客沟通。一是认真处理顾客来信，及时清除顾客疑虑；二是安装免费热线电话来处理顾客的抱怨。

第四，热情接待来访顾客。无论采用哪一种方式，都要求对用户意见及时做出答复处理。这种答复制度要严格，巡视管理者必须亲自过问。有许多企业高层管理者的助手，他们的任务只有一项，那就是对用户的每一条意见在24小时内给予答复。

◎帮助顾客解决问题

帮助顾客解决购买、安装、调试、使用、维修中的所有问题，为顾客提供优质服务。

◎关注细节

要想做到顾客满意，就要注意每一个小细节。正因为店铺形成了多方面小细节的有效组合，才在顾客的心目中留下不可磨灭的印记，使店铺的生意越做越大，越做越好，气场越来越强大。比如每次进门的微笑问候，比如帮顾客找创可贴，又如一句真诚的赞美……这些简单的细节，只要你持之以恒，定能收到效果，因为它们都是顾客在意的大事。

2. 管理店员做到以人为本

要想管理好店员，首先要关心店员。店长对店员的关心程度，和店长管理效果之间是成正比的。

以人为本的管理主要体现在两个方面：

◎ 对店员更加真诚

一些店长关心店员仅仅停留在口头上，这是要不得的，店长应该更真诚一些。举个很简单的例子：店员感冒了，店长主动给他买感冒药，如果严重还替他上班，而不仅仅是提醒多穿点衣服。如果店长能做到这一点，下次店员生病了也会坚持上岗。又如：店员在店铺很忙时有急事要请假，店长帮他顶班，下次店员就不好意思再请假或者迟到了。再如：店员出现经济困难，店长主动借钱帮助他，下次店铺遭遇危机时店员定能风雨同舟……一个店长如果能够做到真诚地关心店员，其在店员心目中的分量无疑是最重的。

只有真诚、管理以人为本，才会博得店员的信任，因此，店长必须要在工作中做到言行一致，在与店员进行工作交谈时，不论遇到什么问题，一定要以对事不对人的态度冷静处理，语言与表情要保持一致，尽量用微笑替代僵硬的表情。当表扬店员的工作成绩时，在口头赞许的同时外加微笑，足以体现出店长态度的真诚。

◎ 管理因人而异，不搞“一刀切”

店长在管理店员时要因人而异，简单点说，就是管理不能搞“一刀切”，眉毛胡子一把抓。

一般情况下，可以把店员分为四类：

（1）德才兼备的优秀店员。

这类店员是店铺发展的领军人物，既具备完成工作的条件，同时又有良好的工作态度。对于此类店员，店长要表现出一种绝对的信任感，同时要尽可能地把他可以承担的责任和权力交给他，让他完全施展才华。

（2）有激情而无能力的店员。

这类店员有两种情况：一种是新店员——或者是刚刚进入店铺导购行业的人员，或者是曾从事其他行业的店铺人员；另一种是原本工作能力很强，但因为升职而适应不了更高级别的岗位。对于这样的店员，店长一定要加强对其能力的培养和提高，并且要持续激发他们对工作的热情。

（3）有能力而无激情的店员。

这类店员通常具有一定的从业经验，但因为主观情绪而影响能力的发挥。作为店长，一定要与这样的店员深入沟通，了解他们究竟是因为没有被重用，还是工资待遇低，又或者是对此工作失去兴趣而闹情绪，然后对症下药，提高他们的主动性和积极性。对于这一类店员，激励是非常有效的方法。

（4）没能力而且没激情的店员。

没能力且没激情的店员又分两种：一种是“混日子”型，对于这一种，店长一经发现就要随时留意，找个合适的时机将其解雇。另外一种是“迷茫”型，不仅不了解工作的乐趣，也不了解自己的方向，属于没方向、没自信的店员。对于这样的店员，店长首先要让他树立起工作目标和信心，然后再去培养他的工作能力。

另外，店长可以根据店员性格的不同，将他们分为两大类：狮子型和黄牛型。作为管理者，应该在这两种店员的安置上，讲求策略和方法，因人而异，让他们的能力发挥到最大。

（1）狮子型性格。

这类店员的性格表现一般为争强好胜，有很强的上进心，冲劲大，有霸气，不安于现状。因此，要多安排一些挑战较大的任务，激发他们更大的热情。他们实现了销售目标之后，自信心就会加快提升，会更加努力地工作。这样的人更喜欢挑战自己，拿业绩说话，因此在报酬上要讲究多劳多得。

（2）黄牛型性格。

这类店员的性格一般较为温和，他们不善于竞争，做事稳妥，较安于现状。他们会踏踏实实做事，喜欢稳定的收入，店长要给予他们较多的资源，以稳定他们的工作情绪，让他们有安定的感觉。而且，他们的考核不要集中在销售额上，而要用综合指标进行考核，重点落在对完成店铺各项要求的执行力度上。

总之，真诚、用心不仅可以招徕顾客，还可以促使店员工作更努力，更有积极性。一个店长只要做好这两个方面，气场的提升指日可待。

第二节　不和“狐狸”为伍

说到狐狸，你很容易就想到一个形容词：狡猾。如果把它隐射到一类人身上，无疑是小人。是的，作为店长，你无法避免店员当中有小人存在，但你完全可以做到一点：不与小人为伍。那么，该如何妥善处理和这类人的关系？以下几个原则可当参考：

1. 不要得罪他们

擅长惺惺作态、巴结上司的人，很容易讨得主子的欢心，而在其小人得志的时候，凡是得罪了他们的人，都不会有好结果。一般来说，小人比君子敏感，心理也较为自卑，因此你不要在言语上刺激他们，也不要在利益上得罪他们，尤其不要为了正义而去当众揭发他们。那只会害了你自己！自古以来，君子常常斗不过小人，所谓“宁得罪君子，不得罪小人”！

在这里，讲一个郭子仪的故事，对你肯定会有一些帮助：

郭子仪对付小人很有一套：如果有一些心术不正的人要去见他，即使这些人的地位很卑微(郭子仪那时已封王)，他也一定会见，而且一定坐得很端庄，穿上隆重的礼服。有人觉得奇怪，就问他：“许多达官贵人来见你，你都很随便，为什么这些小职员来见你，你这样严肃？”郭子仪回答道：“这些人心术不正又很聪明，还很会巴结，不能得罪，万一他将来做了大官，得了志，我们得罪他，他怀恨在心，会报复。”

2. 保持距离

小人是善于做情感游戏的，这对很多劳于事功而深感寂寞的人来说正中下怀。在这个问题上小人与正常人的区别是，正常人的情感交往是以袒露自我的内心开始的，小人的情感游戏是以揣摩对方的需要开始的。小人往往揣摩得很准，人们一下就进入了他们的陷阱，误认他们为知己。小人就是那种没有一个真正的朋友却曾有很多人把他误认为知己的人。随着时间的变动，人们也会渐渐识破他们的真相，但因旧情牵连，不好突然翻脸。所以，最好和小人保持距离。

上文说了，别和小人过度亲近，保持淡淡的同事关系就可以了，但也不要太过疏远。如果不把他放在眼里，他们会这样想：“你有什么了不起？这么傲慢！”于是你就要倒霉了。所以，与小人保持适当的距离是保护自己的妙药良方。

3. 小心说话

作为店长，你的一言一行直接关系到店铺的稳定，千万别让小人在你嘴里获得什么口风。小人喜欢造谣生事，为了某种目的，他们可以用离间法挑拨同事间的感情，制造他们的不合，好从中取利。所以说些“今天天气很好”的话就可以了，如果谈了别人的隐私、说了某人的不是，或是仅仅只是发了点牢骚，绝对会变成他们添油加醋、兴风作浪的材料。所以，和小人在一起的时候，能不说话最好不说话。当然，你可以多使用“反问句”，让对方多说点，你多听点。

4. 不要有利益瓜葛

小人喜欢阳奉阴违，这是他们这种人的行事风格。他们对别人既能阳奉阴违，对你也可能表里不一；喜欢“西瓜倚大边”，谁得势就依附谁，谁失势就抛弃谁；喜欢踩着别人的鲜血前进，也就是利用你为其开路，而你的牺牲他们是不在乎的；喜欢落井下石，只要有人跌跤，他们会追上来再补一脚；喜欢找替死鬼，明明自己有错却死不承认，硬要找个人来背罪。他们常成群结党，霸占利益，形成势力。你千万不要想依靠小人来获得利益，因为你一旦得到了利益，他们必会要求相对应的回报，甚至缠着你不放，让你想脱身都不可能！

5. 吃些小亏无妨

切莫因为吃点小亏而与小人发生争执。小人有时也会因无心之过而伤害你，你应息事宁人，因为你不但无法从他们那里讨回公道，反而会结下更大的仇。所以，原谅他们吧！当你认清了小人的特征，并坚持做到上述几点，你就能和他们和平共处、相安无事了。

第三节　个人形象的“刺猬效应”

刺猬在寒冷的冬天相互取暖的时候，如果彼此靠得太近，身上的刺会刺伤对方，如果离得太远，又起不到取暖的效果。只有当它们维持在一个不近也不远的距离的时候，才能既不伤害对方，又能相互取暖。刺猬是这样，人亦是如此。在店铺管理的过程中，只有保持“刺猬距离”，才能让店长和店员的关系维持在最佳状态，让双方的相处变得和谐。最重要的是，只有保持适当的距离，店长的威信才能得到最大程度的树立。

店长应与店员建立良好的关系，感情融洽，本无可厚非。但身为店长，不能滥用感情。有些店长虽然能与店员融洽相处，甚至关系处理得很好，就像“哥们儿”，可惜的是，在很多时候，他们未能正确认识到这种关系的建立，在工作中掺入了太多私人感情，给管理带来极大的不便。可以说，这是中国店铺店长最容易犯的错误之一。

情景范例　　**“哥们儿”店长不好当**

北京某餐饮店铺，有一位姓齐的年轻人，因工作表现优异被提升为门店店长。他在当上店长后，与原来的同事称兄道弟，对他们比当店长前还要好。他认为，如果不这样，兄弟会骂他“白眼狼”，认为他摆架子。他经常和店员在一起打麻将、喝酒、唱歌等，甚至和店员住在一起，感情看似十分融洽。

然而，有一次，他安排店员去设计一个促销方案。店员认为领导都是兄弟，只要凑合设计一个就可以了。等到方案拿出来后，老板很不满意。店长把店员叫来，狠狠地批评了一顿。

这一下，店长可捅了篓子。店员们认为他不给面子、不把兄弟放在眼里，不配当他们的店长……于是一起去老板那儿告状，把他酒后说的店铺的不好都添油加醋地抖了出来。老板经过调查，发现他真有些毛病，感觉他人品不好，便把他辞退了。

由此可见，店长与店员的个人感情交往应该有度，和店员之间就必须保持适当的距离，这样才有利于店长开展工作。俗话说得好：距离产生美。适度的距离对店长是有好处的。即使你再民主，再平易近人，也需要有一定的威严。当众与店员称兄道弟只能降低你的威信，使其感觉你与他的关系已不再是上下级的关系，而是“哥们儿”了。于是店员开始对你的命令不当一回事，认为你与他的关系不错，即使工作中犯了错，或者违反了店铺的纪律，你也不好意思多说什么。长此以往，会带来怎样的后果？齐某的例子便给了我们最好的答案。

那么作为店长，该如何做才能保持适当的距离呢？

1. 摆正自己与店员的位置

店长与普通店员还是等级有别的，扮演的角色更是截然不同。如果你是一名店长，无论是新上任的，还是已经干了多年，都应该摆正自己与店员的位置。模糊自己与店员的角色是不恰当的，在工作中最应该避免。

孔子说过：“临之以庄，则敬。”具体到店铺的日常工作中，就是店长要和店员保持距离，只有如此才能给店员展现一副庄重的面孔，并获得他们的尊敬。

2. 和店员建立良好的人际关系

与店员保持距离并不是说不能和店员建立感情；相反，店长应该和店员维持良好的人际关系，即亲密而又有距离的工作关系，以大家都明了的规则处理工作，以此来避免店员间不必要的猜疑、嫉妒和紧张。

3. 保持一定的神秘感

距离适度的另一个要求就是店长应保持适度的神秘感，不能把所有的情况都向员工公开。不该他们知道的就绝不能让他们知道。这是赢得店员尊重的有效手段，也是树立权威的重要表现。

总之，店长若与店员的关系过于亲近，往往会带来许多麻烦，只有适当、刻意保持和店员的距离，才能使店员意识到权力等级的存在，感受到店长的支配力和权威，而这对店长巩固自己的地位、推行自己的政策和主张也是绝对必需的。否则，店员就会因为轻慢店长的权威而怠惰、拖延甚至故意进行破坏，十分不利于开展工作。

第四节 魅力沟通六法则

要想通过提升店长的个人形象来改变气场，有一点非常重要：学会和店员进行魅力沟通。如何才能进行魅力沟通呢？掌握五个法则即可。

1. 尊重每一位店员

店长若想提高自己的魅力和气场，首先就是尊重每一位店员。人人都有自尊心与追求心理满足的需要，每个店员也都有其不同的个性。尊重每个人，才能令店员感觉温暖，才能展开良性互动。只有员工的工作得到充分的肯定和尊重时，他才会懂得尊重你、听从你的指派。

“店员是我们最宝贵的财富”，“我们要使店员与店铺一起成长”，类似这样的话被太多的店铺写进了宣传刊物或是公司网站上，但实际上这仅仅是标榜而已，有几个店铺能真正做到呢？

对店员来说，他们可以接受彼此在地位上的差异，但在情感上却希望自己的贡献、价值得到别人的认可，尤其是店长的重视。

情景范例 **日本店长的“小把戏”**

有一家日资店铺，这天，各班组接到通知，下班之后要在贵宾厅召开店员大会。有些人对此很纳闷，为什么放着会议室不去，偏偏要去贵宾厅开会？

因为在许多店员眼里，日本人很精明，轻易不舍得用贵宾厅，因此有人议论说："会不会是店长搞的什么小把戏？"

当全店的店员陆续走进贵宾厅时，眼前的一切让他们感到意外：每张桌子上都摆满了水果、饮料。最吃惊的是一名60多岁的老保安，看到眼前的一切，以为自己走错了地方，转身就要离开。这时他正好碰上了店长，店长见他要走，赶紧毕恭毕敬地将他请了回来。

之后，店长走上讲台，恭恭敬敬地向大家行礼，他说："今天，我把大伙儿召集起来，想同大伙儿开一个聊天会。大家可以畅所欲言，提问题、讲困难。你们说店铺的、家里的事都可以。"

说着，店长还不时地往店员手里塞苹果、倒饮料。大家看到这点，大为感动，纷纷积极地为店铺出谋划策。

那个老保安激动地说："我这辈子还是第一次开这样的会。我一个保卫的，本来就是在店门口的，再踢一脚就出门了。店长看得起我们，我们保卫的一定要好好干，看好这个家。"

这位日本店长用他的实际行动向店员们展现了尊重，因此他也获得了店员们的真心拥戴，得到了他们实际行动的回报。有威信的沟通应该以人为中心，充分尊重店员的价值，重视店员需求的多样性，运用共同的价值观和信念、和谐的人际关系来激发店员的工作热情，并持续地保持他们高昂的士气。

店长只有切实做到尊重店员，才能确保店员对店铺的认同感和忠诚，使他们感受到自己是店铺的一员，而不只是依令行事的被雇用者，只有这样才能发挥店员的积极性和自主意识，真心诚意地接受店长的领导。

2. 学会并善于倾听

倾听是沟通的一种十分重要的方式，店长只有学会倾听，学会让别人说，而不是自顾自地说，才能拉近与店员之间的距离，让店员信服。

倾听在现代管理中有着很重要的作用：其一，可以给人留下深藏不露、稳重含蓄和较为权威的印象；其二，可以充分了解店员，掌握关于对方的多方资料；其三，有助于店长建立一个好人缘。

事实上，所有成熟的店长都是善于倾听的大师，只有通过倾听，我们才能知道对方的真实感受，才能让对方真正接受你的意见。

情景范例　玫琳·凯的倾听观

玫琳·凯在《玫琳·凯谈人的管理》一书中在谈及倾听的影响时，写道："我认为不能听取店员的意见，是店长最大的疏忽。"她是这么说的，也是这么做的。玫琳·凯的店铺之所以能够迅速发展为拥有众多美容顾问的化妆品店铺，其成功秘诀之一就是她十分重视每一位店员的个人价值，并且清楚地了解店员需要的不仅仅是钱和地位，也需要一位真正能倾听他们意见的店长。因此，玫琳·凯女士严格要求自己，并以自己的实际行动使所有的店长铭记这条金科玉律：绝对不能轻视倾听的力量。

那么，店长应该如何增进自己的倾听能力呢？无论刚开始你的倾听能力如何、习惯怎么样，只要有强烈的欲望、高度的兴趣和注意力，以及自律和积极的态度，并根据以下的要领练习，很快就能如愿以偿。

◎ 专心致志地听别人讲话

所谓专心致志，就是要求店长要百分之百地集中注意力，练就一种不分心的能力。有人说："做白日梦是积极倾听的最大障碍。"好店长在听店员说话时，绝对不会出现心神飘乎的情况，他会十分专注说话者的声调、内容和一举一动。这么做，店员绝对能感受到，并觉得很愉悦，很开心。店长专注聆听店员说话，是对店员最高层次的赞赏。

◎ 勤做记录

一个人要想掌握大量材料，靠的不是记忆，而是记录。有威信的店长通常都有勤做记录的好习惯。他们相当清楚地知道随时利用纸笔和录音器材，记下重要的事情。他们这样做，除了可以帮助说话欠缺组织能力的人讲出重点外，还可以给自己做资料分析，最重要的是，用行动告诉店员："我在很认真地听你说话。"

◎ 不要轻易地打断别人的话

不要因为对方的叙述平淡而漫不经心，也不要在别人结结巴巴讲不清时，流露出不耐烦的情绪，更不应该在店员发表不同意见时，进行反驳或争吵。

◎ 给予回馈

人人都希望别人听他畅所欲言。当店长把表达自己的欲望放在一边，诚心诚意地听别人说话时，说话者必然会撤去防卫，用更真挚、更成熟的态度和店长深谈。如果能更进一步地给予回馈，那效果更会锦上添花。店长可以用以下几种方法告诉对方“我正在十分仔细地听你的话”：

☆表现出兴趣十足的样子。

☆点头，示意。

☆问一个相关的问题。

☆表现出与他同感的样子。

☆适当地微笑一下。

☆当面把谈话重点记录下来。

◎ 掌握情绪

感情用事是积极倾听的另一种障碍。店长不要被争议性的内容引发不快、厌恶、憎恨等情绪。人人皆知，感情用事时，问题很难得到令人满意的解决。因此，学习正确掌控情绪的方法，并培养心平气和、客观冷静的涵养是不容忽视的一大课题。

◎ 不要让个人的喜恶支配自己

有时店长可能不喜欢某人的表达方式，或是不喜欢某人的说话声音，这些偏见可能使店长不去听正确的意见。作为店长，需要的是正确地理解意见交流中的真正内容，而不应该让个人的喜恶来妨碍自己。

一位知名店铺管理专家说过：“世界上没有万事通，你想让店员爱护你，你最好关掉自己的发送机，转到接收功能，好好专注地倾听，鼓励他们说出真心话。”确实不错，管理技巧中最需要花时间学习的，莫过于倾听的能力。

3. 用微笑来协助沟通

比起常常板起面孔、面无表情的人，多数人还是更喜欢笑脸常开的店长。因此店长要充分利用微笑这一武器帮助自己实现管理。微笑是你与店员之间的一剂润滑剂，有助于缓和你们之间的关系，给店员带去温暖，使其对你产生宽厚、谦和、平易近人的良好印象，有效缩短你与店员之间的距离，产生心理共融。

通过对一些成功店长的经验进行总结可知，他们的成功就在于通过微笑来实施管理，并在管理过程中，发自内心地尊重、信任、关怀店员，从而激发其干劲，使店铺盈利。

你可以参考以下方法训练自己的微笑魅力：

◎ 早晨上班时

在开始一天工作的早晨，你微笑着向店员道一声："早上好！"温和的情谊和真挚的笑脸必将使店员的心中充满感动：看店长人多随和。一个微笑就将好印象的种子撒入了店员的心底。

◎ 下班时

忙碌了一天后，你若能微笑着对店员们点点头，由衷地说一声"辛苦了！"，店员必定会觉得你是个体贴的店长，一天的辛苦也会在你的一个微笑、一句问候中化为乌有。

◎ 在汇报工作时

在工作汇报时，你若能对汇报者施以微笑，他们将会从你的微笑中受到无形的鼓励，从而将自己心中对该问题的一些有价值的新见解和盘托出。也许就是这么一个新设想便使你的项目焕然一新！而较为普遍的情况则是你从中了解到员工的真实心态，而这些也是身居上层的店长必不可少的信息。

只要店长能时时刻刻用微笑面对每一位店员，就会在店铺内营造一种和谐融洽的氛围，从而驱散上下级之间、同事之间可能存在的阴霾，提高店长的威信和气场。

4. 让店员畅所欲言

沟通和反馈是店铺运作的纽带。只有所有店员都真正能够且愿意畅所欲言，才能使沟通制度发挥作用，达到店长设想的沟通效果。

很多大型店铺就很鼓励店员们畅所欲言，对店铺在发展中存在的问题，甚至店长的缺点，店员都可以毫无保留地提出批评、建议或提案。之所以能做到这点，是因为这些店长明白，只有人人都能提出建议，才能说明人人都在关心店铺，店铺才会有前途。

很多店铺都存在一种强势逻辑，认为只有长期经验积累下来的方法才是正确的。其实，经验固然十分宝贵，但也在无形中限制了对新方法的寻求。一旦市场状况发生变化，而店铺内部没有及时察觉、应变，原来的成功经验就会成为阻碍店铺发展的绊脚石。从这个角度来看，店长更应该鼓励店员畅所欲言，帮助店员打消顾虑，以便集思广益，为店铺的发展出力。

这种让店员畅所欲言的激励方法，增强了店员对店铺的主人翁意识。管理学家韦尔奇曾说："20 世纪 90 年代，我们通用电气店铺具有创造这样一种气氛的根本性的机会。在这种气氛下，毫无保留地发表意见在文化上是可以接受的，讲真话受到奖赏，而对下属一味喊叫的上司则不会受到奖赏。”

足以让店员畅所欲言的就是一个充满民主氛围的店铺，这可以帮助店员摆脱各种顾虑，充分运用自己的智慧大胆发言、勇敢创新，为发现店铺存在的问题、寻找店铺发展的新思路出力。

店长应为店员提供一个畅所欲言的机会，虽然店员的真心话不一定都是真知灼见，但一定是他们的肺腑之言。店长只有听到了他们的真心话才能使店铺的各项决策做到有的放矢，避免因主观武断而导致决策的失误。

5. 选择合适的沟通切入点

与店员沟通最困难的就是话题的选取。一般店员在和店长沟通的时候，都会有一定的戒备心理，不容易说出真心话，因此，在与店员沟通时，切入点的选择至关重要。切入得好，沟通成功圆满；切入得不好，反而会让双方感到尴尬。有经验的店长大多都善于寻找谈话的切入点，比如，用共同感兴趣的话题、地域或心理上的接近性以及平和的态度与语气等打开谈话突破口，从而使交流顺利地进行下去，最终达到增进了解、促进工作的目的。

那么，和别人说话时该怎么准确地切入呢？举个例子，不妨从关心对方最亲近的人开始。任何人都很关心自己最亲近的人，一旦发现别人也和自己一样关心，就会产生一种无比亲近的感觉。交际就可以利用人们这种共同的心理倾向，从关心他最亲近的人切入，拉近交际的距离。

情景范例

难忘的越洋电话

有一次，一位店铺的店长梅林到英国联系业务。在伦敦，她与一位店员的家人苏小姐不期而遇。面对这位略显生疏的朋友，梅林没有放过深入结交的好机会。两个人相互诉说了近况后，都给对方留下了国内的住址和电话。

当天晚上，梅林回到旅馆。她没有立刻洗个热水澡，也没有忙于其他事务，而是首先给这位店员挂了个长途电话：“我在伦敦看到了你的家人苏小姐，她现在一切都好，请你不要挂念。”

远在国内的店员接到这个电话以后，既意外又感动。没想到店长会对自己这么关心、体贴，一时间她感动得热泪盈眶。

在沟通中选择合适的切入点其实就相当于揣摩好对方的心理。很多优秀的店长之所以能够在各种场合纵横捭阖，很大程度上得益于他们善于利用人们的亲近心理。与人打交道的时候，要注意营造一种温馨的环境，这样能够使店员放松紧张的心理，化解对立感，从而取得良好的交际效果。

当然，寻求沟通对象的亲近和认同，还有其他有效的方式，这需要店长在工作沟通中善于学习并总结经验，从而开创良好局面。现在，你不妨试着思考一下，还有哪些有效的方式可以使用。

______

______

______

6. 及时、到位的激励

一个优秀的店员，最重要的素质不是能力，而是对工作的热情。没有热情，工作将是一潭死水。而激励可以让一个沮丧的人变得自信，让一个浪荡子变得有上进心，让一个沉默寡言的人变得激情澎湃。最重要的一点，适当的时候对店员进行激励，也是店长和店员之间取得良好沟通的重要方式、渠道。激励是一把打开人们心灵之门的神奇钥匙，它可以满足人们对生活最本质的追求——快乐、信任、尊重、认可。而被赞美、被认同、被尊重、被信任正是激励的要素，是人们必不可少的内在需求，犹如空气一样无色无味无形却无比重要。通过激励，可以提高店员对工作的热情，使其不再把单调繁重的工作看成是一种负担或外界强加的任务，而是领导的信任、自己的荣誉。

一个充满工作热情的人，会保持高度的自觉，把全身的每一个细胞都调动起来，驱使他完成内心渴望达成的目标。热情是一种强劲的激动情绪，一种对人、事、物和信仰的强烈情感。

情景范例

迟到的成功者

有一个店员出色地完成任务，兴高采烈地对主管说："我有一个好消息，我跟了两个月的那个客户今天终于同意签约了，而且订单金额会比我们预期的多 20%，这将是我们这个季度价值最大的订单。"但是这位主管却无视店员的兴致与其优秀的业绩，冷淡地说："是吗？你今天上班怎么迟到了？"店员说："路上堵车了。"主管又毫不留情地说："迟到还找理由，都像你这样公司的业务还怎么做！"

换作任何一个人，遇到上面这位店长，都会觉得异常的尴尬与丧气。他在该表扬店员的时候没有激励店员，反而不顾店员的兴奋不恰当地批评了店员，结果致使这名店员的积极情绪受到了很大的挫伤。作为一个店长，一定要懂得激励店员，及时、持续地激励店员，这是非常重要的。

热情无疑是店员最重要的品质和财富。店长一定要积极运用激励，让每个店员都具有火热的激情，这是一个人能力充分发挥的动力，更是店铺生存和发展的基础。店员的这种热情深埋在他们的心底，等待着店长开发和利用。

那么什么样的激励才算是一次成功的激励呢？我们来看一个图：

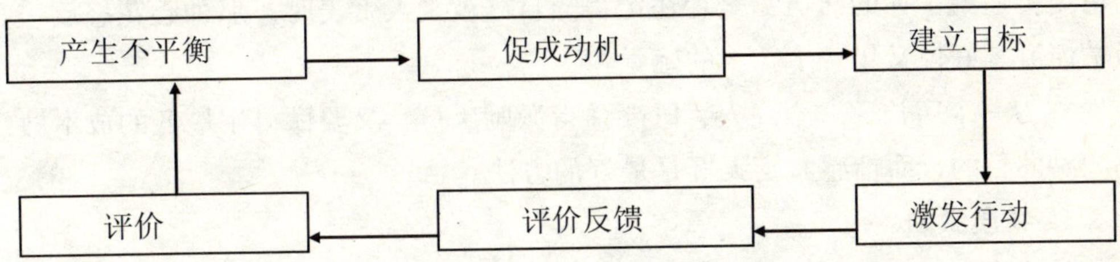

（1）个体内心产生不平衡感。

（2）这种心理的不平衡容易让个体烦躁、紧张等，这时需引导其向正确的方向努力，形成正确的动机。

（3）待个体有了强烈的进取心后，需要帮助他寻求和选择满足这些需要的对策方法，设置个人目标。

（4）督促和管理个体以相应的行为去实现目标，以求恢复心理和生理的平衡状态。

（5）评价并反馈：评价个体在实现目标方面的绩效，如果这个激励过程满足了需要，个体就会有平衡感和满足感，达到激励效果；如果需要未得到满足，说明个体受到挫折，激励失败，需重新激励，过程还得反复。

既然激励对一个店员的工作热情、积极性甚至能力有重要的影响，也直接决定店铺的生存与发展。那么，如果你是店长，对店员你会采取怎样的激励方式呢？

◎ 情感激励

情感激励主要包括赞美、关心、信任、荣誉以及期望等。人性向善，每一个人都向往美好的事物、动听的声音、无尚的荣誉……而赞美即是店长对店员美好期待最有效、最便捷的回馈。但很多领导不会赞美激励，只会批评，他们认为表扬会使店员骄傲。于是太多被领导训得灰头土脸的店员，一直在灰色情绪下工作。试想一个不快乐、无激情的人又怎么会做好工作？！

人们也常说能者多劳，权力越大责任越大，授权的意义就是鼓励和信任。我们发现总是被家长夸奖的孩子更聪明、更自信，同样店长也是店员的“家长”，如果连自己都不认可“孩子”的能力，不信任他，不给他自主的权利，他怎么可能充满信心、积极努力地配合你的工作呢？

作为领导，每天要问自己：今天称赞过自己的店员吗？也许你已经多少年没有称赞过店员了，是否因为你从来没有得到过别人的表扬，所以你把这种负面情绪传递给了你的店员？是否还记得当自己被别人赞美时，那种心花怒放、激情澎湃、好像又年轻十几岁的感觉？

作为一个店长、一个商人，既要懂得激励店员，又要懂得用最低的成本做到激励的目的，而情感激励无疑是最好的方法。

◎ 物质激励

物质激励主要包括薪酬、奖金等福利性激励。店长要主动对表现好、能力强、综合水平高的店员提供加薪、奖励的机会，让他们感受到店铺对人才的重视，不仅提高他们对薪资的满意度，还促进其不断提高自身的能力，从根本上杜绝店员因无前途和无“钱途”而流失。

另外，物质激励要与店铺的内部制度结合起来，通过建立一套制度，营造一种奖罚分明的氛围，使店员都能以最佳的效率为实现店铺目标多作贡献。要特别注意不能一时冲动，想起来则奖一下，想不起来就作罢，那样是达不到激励的目的的。

物质激励必须公正，但不搞平均主义。美国心理学家亚当斯在进行大量调查的基础上，发现一个人对他们所得的报酬是否满意不是只看其绝对值，而且要进行社会比较或历史比较，看相对值。通过比较，判断自己是否受到了公平对待，从而影响自己的情绪和工作态度。为了做到公正激励，必须对所有职工一视同仁，按统一标准奖罚，不偏不倚，否则将会产生负面效应。

◎ 参与激励

参与激励又被称作“角色激励”，具体到店铺，组织创造和提供一切机会让店员参与管理，可以形成店员对组织的归属感、认同感和个人的成就感，从进一步满足自尊和自我实现的需要。而且店员的参与也可以使组织的决策、经营方略更加完善。

让店员参与决策，就是让他们从“执行人”的角色中暂时走出来，“客串”

一下“决策人”的角色。再比如让店员持股，即所谓的“产权激励”，让80%的店员持有20%左右的公司股份，虽然具体到每一个店员，其手里的股份只是象征性的一点点，并且还无权转让，但从激励的角度来看，这可以让店员在心理上扮演组织主人的角色，从而获得精神满足。

第五节 自我尊重才更有形象

说到尊重，人们第一时间想到的是尊重顾客、店员以及老板。作为店长，你这么做并没有错，不过你可能疏忽了一点：除了做好以上几点外，还应该做到自我尊重。自我尊重，是获得气场的前提性条件。

那么如何才能做到自我尊重呢？关键要做到以下几点：

1. 不自吹自擂

自我吹捧，是很多店长在面对店员时经常做的一件事情。他们这么做的目的非常明显：抬高自己，用成功的光芒围绕自己，从而获得别人的尊重和认可。

他们的目的能达到吗？看看下面的这个店长，你心中就会有答案了。

情景范例 **吹牛吹大发了**

心心刚调到一个新店铺的时候，为了给老板留下深刻的印象，总是处处表现自己。本来是老板已经知道的事情，她偏要去积极地汇报。并且在店员面前，天天自吹自擂，说自己如何有学问、多么有能力。甚至还吹嘘说以前在某某店铺时，自己的业绩是全国第一……

刚开始，店员出于好奇和尊重，还认真地听她说，慢慢的，大家开始反感，觉得她太爱表现自己，并且心里也都在憋着一股劲：看你到时候怎么搬起石头砸自己的脚！

果然，这个“机会”很快就降临了。一天，老板问大家：“我们需要对即将上市的商品进行一个调查，你们看谁最合适做这件事情呢？”大家一看机会来了，纷纷向老板表示有心心一个人足矣。老板一看，既然如此，就不必费神为她搭配人手了。无奈之下，心心只好答应。其实，她根本就没有把握，可是为了表现自己，就打肿脸充胖子地揽了下来。

但接下来，她可就犯了难，自己对这件工作真的是没有把握，做好做坏，心里一点儿底也没有。看得出来，她有向店员求救的想法，可是店员心里暗笑，没有一个人愿意帮她。甚至还有一位店员说："你不是告诉我们你以前做得很好吗，今天怎么就蔫了呢，是不是孙悟空遇到如来佛了呀？"逗得全场的人哈哈大笑，她也只好一脸的苦笑。

自吹自擂，无疑搬起石头砸自己的脚，等真相败露的那一天，也是气场消失的那一天。就像案例中的店长心心那样，只能用"灰溜溜"三个字来形容了。

2. 不看扁自己

自我吹捧，是一种盲目的自信，很多店长希望用这种方式来提升自我，结果不尽如人意。有的店长则正好相反，贬低自己，盲目推崇别人。他们以为这样"低调行事"可以获得店员的尊重和认可，事实上正好相反。

美国总统富兰克林·罗斯福的夫人艾莉诺·罗斯福曾经说过这样一句话："未经你的同意，没有人能看扁你。"古希腊谚言也说："除了你自己，没有人能够让自己觉得卑微。"

当然，这些店长之所以看扁自己，很有可能是意识到自己有缺点，甚至放大这些缺点，无法正确认识自我。当他不断从心里接收到这样消极的暗示时，就开始不断地怀疑自己的能力，丧失信心，进而悲观失望。做事的时候，就会缩手缩脚，不敢倾尽全力。

如果你正遭受这种不良心态的影响，就应该注意调整。具体该如何做呢？下面这几种方法能够帮到你：

◎ 给自己积极的语言暗示

积极的语言能使人产生积极的情绪，改变消极的心态。比如经常对自己说："我是最好的""我是最厉害的""这点事情难不倒我""很简单"……在这种语言暗示下，很快就能找回自己的自信心，将工作做到最好。

◎ 给自己积极的动作暗示

很多人在做一件比较困难的事情或者挑战自我的时候，都会握紧拳头狠狠地甩两下，这样做就是为了给自己加油、增强自信心；在成功的时候，也会伸出大拇指对自己表示庆贺……这其实就是一种动作暗示，通过这种暗示，我们就会产生积极的反应，下一次再遇到困难的时候就不会有畏难情绪了。

◎ **给自己积极乐观的表情暗示**

何为表情暗示？即在你遇到困难的时候，要使用积极、乐观的面部表情，比如说微笑、镇静、大方，而不是慌慌张张、愁眉苦脸。很多人觉得这样有点做作，其实不然，一旦你这样去做了，就会带动心理的反应，促使自己勇敢去面对。

低调行事和看扁之间是有区别的，不要混淆。如果你认为自己的做法是真的“低调”，请将区别写在下面：

____

____

____

3. 讲诚信

店长要讲信用，对自己说过的话、做过的事负责，这就是领导的信用。《论语》说：“人而无信，不知其可。”一个言行不一的人，常被人们斥为“小人”，而不讲信用的领导可以称为“赖皮领导”，最终将会失去良好的人际关系。

讲究诚信，一直都在强调这一点。遗憾的是，在我们身边，还是有人屡屡犯傻，就像下面案例中的店长一样，最终被店员唾弃。

情景范例

从未兑现的提成

秦刚是某饭店的店长，因为这是一家新开的饭店，所以生意并不是很好。秦刚每天都在想如何能把饭店做大，把生意做得红红火火。有一天，秦刚和饭店的领班李钰聊天，秦刚说：“李钰，你有什么办法能把咱们饭店的业务做大，我给你的提成加 20%。”

李钰说：“店长，您说话算数吗？万一老板不同意怎么办？”

秦刚说：“肯定没问题，你尽管想办法，只要是你拉来的顾客我就给你提成，‘君子一言，驷马难追’，至于老板那边的事情，我去谈好了。”

李钰说：“好，那我可就动用我姐夫的关系，让他们单位的人都来这吃饭。”原来李钰的姐夫在附近上班，他们公司每年的业务招待费是 100 万元左右。李钰真的把她姐夫这个业务给拉来了，和她姐夫关系不错的朋友也常来这吃饭。经过李钰的努力，饭店的生意终于好了起来，来吃饭的人越来越多。

话说到了年底，李钰提出提成的事情。秦刚却以没有合同为由百般推脱，说当时只是开个玩笑，只同意给李钰涨 20% 的工资。李钰什么也没有说，辞职走了。

过完春节后，饭店的生意就一落千丈，根本没有什么人来吃饭。这时秦刚想起李钰，又和李钰谈提成的事情，李钰说："秦店长我做不到了，我姐夫他们单位今年都去我的饭店吃饭了！"

面对这样的店长，谁还愿意尊重他呢？从秦刚身上，我们看到了"失信"二字带给店长的危害。如果你不想受到这种危害的侵袭，那么现在好好想想，自己是不是还有些承诺没有兑现呢？以后该如何树立守信的形象呢？

4. 忌牢骚满腹

抱怨和牢骚，不是店员的专利，很多店长在面对不顺心、委屈的时候，同样会牢骚满腹。这似乎是一种人之常情，不过在这里还是要提醒你一句：牢骚满腹的店长很难获得店员的尊重。

在面对委屈和不满的时候，店长应该以耐心和自制力控制好自己的情绪，特别是在别人急躁、慌乱的时候，店长如果还能用个人修养圆融化解，就能树立良好的形象。不能控制情绪的歇斯底里，只能造成工作"短路"，而短路只会燃烧，不会点亮灯泡。因此，高明的店长一般都不随意表现负面情绪，以免被人窥破弱点，予人以可乘之机。

那么具体该如何做呢？

◎以阳光心态感染店员

作为一名领导，更需要时常保持乐观健康的心情，因为你的心情会影响到店员的心情，你的态度会影响到大家的态度。在必要的时候，你能够敞开胸怀，乐观豪放，相信你的店员也会平添无穷的力量，增加对你的信任感，齐心协力，共克时艰。

◎喜怒哀乐深藏不露

无论是谁，只要在社会上"混"过一段时间，多少都练就了一些察言观色的本事，他们会根据你的喜怒哀乐来调整与你相处的方式，从而顺着你的心思来为自己争取利益。你的意志也会在不知不觉中受到别人的掌控。如果你的喜怒哀乐表达不当，有时会招来一些麻烦。所以，要练就"喜怒不形于色"，尽量压制个人的感情，以冷静客观的态度来应对事情。这种性格的人才能做好一位有气场的店长。

5. 忌阿谀奉承和嫉贤妒能

一个有气场的店长肯定是光明正大、诚实正派的，绝不会人前人后两张脸。如果一个店长在老板面前充分表现自己，办事积极主动，极尽溜拍功夫，在店员面前推三阻四、爱理不理，一副予人恩惠的脸孔，很快就会被店员抛弃，暗地里取笑。

◎不唯上

作为店长，应该清楚地认识到，一个人如果到了唯上的地步，一定会遭到众人的厌恶和不齿。那些明智的店长都非常清楚，溜须拍马者不仅讨厌，简直就是危险人物。

作为一个有气场的店长，应该对上级领导服从而不盲从，更不能像《红楼梦》中的薛宝钗那样“老太太喜欢的我都喜欢”，一味地唯上媚上。如果你凡事一味附和，一概听从，一律执行，也就成了盲从，必然会给工作和自己的形象带来负面损失。

还有，店长应该有“实事求是”的精神，敢于发表自己的观点。特别是对于涉及自己职责范围内的工作，更要大胆提出自己的见解，切不可缺乏主见。研究工作时，要与老板、店员交换看法，共同磋商，说真话，以诚相见，而绝不能随声附和。

◎不欺下

此外，作为一名店长，也不能存有嫉贤妒能的阴暗心理。对能力优于自己的同事或店员产生愤怒、恐惧和嫉恨，在一定程度上是人之常情，但作为管理者，一定要以更高的标准要求自己，努力拓宽心胸、提高修养。

说到底，那些比较有气场的店长，都懂得尊重自己，从而获得别人的尊重。只有这样，才能加强自己的修养，并且从各方面提高自己，有利于自己气场的提升。

第六节 理性亲和不可少

作为一名店长，和店员之间处好关系对于提升自我气场非常重要。遗憾的是，很多店长按照要求去做了，效果却很不好，甚至和店员之间的关系出现了裂缝。问题出在哪里？是方法不对，还是在其他方面存在问题？经过走访和了解之后，原因很快被找到了：这些店长没有做到“理性亲和”。

什么是“理性亲和”？简单点说，就是你在亲近店员的时候要懂得理性，不能感情用事，更不能随心所欲。否则很有可能出现事与愿违的情况。

那么在亲近店员的过程中，要注意哪些方面的问题呢？

1. 忌亲近某一位或几位店员

受到“人以群分”意识的影响，亲近某一位或者其中的几位店员看似人之常情，却会让你陷入“亲和失常”的陷阱之中。从管理的角度来说，很容易出现小团体、派系，从你本身的气场来说，也容易被店员否定，导致气场削弱。原因很简单，亲近某一位或者某几位店员，会使这小圈子之外的人看上去可有可无，这对店铺的人员稳定和经营活动的开展都是非常不利的。

情景范例 **你让你的助手去啊**

立信是某店铺新上任的店长，在和店员相处的过程中，他发现其中一位叫阿伟的店员和自己个性最像，无论是说话还是做事，默契度都很高。慢慢的，立信和阿伟之间的关系也就越来越好。无论遇到什么事情，立信都要和阿伟商量后再拿主意。甚至在开会时，立信都对所有店员说：“阿伟是我的得力助手。”很快，“伟助”的称呼就传开了。立信在和阿伟亲近的过程中，也渐渐地和其他店员疏远了，这让其他的店员感觉很不爽，总想找个机会好好“惩罚”一下立信和阿伟。

很快机会来了。国庆节促销，按照以往的规定，店员在这一个星期之内是不允许请假的。可是这次，大家似乎都不约而同地把请假条放在了立信的办公桌上，并且明确向他表示：自己有要紧事，如果请假条得不到批准，就辞职。

这不是“逼宫”吗？立信感觉到事情有些蹊跷，便召开了全体店员大会。

在会议上，立信有些生气地说：“你们都请假了，谁来做促销活动？”此时的店员已经愤怒了，大声喊道：“你可以让你的助手去啊！”

听到此话，立信呆住了，他不知道该如何处理这件事情。

从立信的故事中我们意识到：在店铺的管理过程中，如果店长只亲近某一位或者某几位店员，很容易招致其他店员的嫉恨，从而不愿意配合你的行动。如果你是立信一类的店长，请即刻反省一下。

2. 忌和异性店员过于亲近

异性相吸，这是人的动物性使然。在店员管理的过程中，要懂得克制这种动物性，无论是对异性店员，还是同性店员，都应该公平对待，否则同样有可能招致其他店员的不满。其他异性店员的嫉妒、同性店员的不服气、和你亲近的异性店员的不安，等等，这些情绪的存在，都直接影响到店铺管理的稳定和你的气场。

在和异性店员相处的过程中，以下几种情况可能招致别人的误会：

☆ 和某一位异性店员单独相处时间过长。

☆ 和异性店员之间聊工作以外的事情过多。

☆ 过于照顾某一位或几位异性店员。

☆ 行为举止有暧昧的嫌疑甚至有意无意发生肢体接触。

☆ 和个别异性店员下班后还有接触。

☆ 过分听从某些异性店员的意见和建议。

在亲近店员的过程中，你一定要时刻铭记一点：亲近店员，不仅仅是在处理你和店员之间的人际关系，而且也是在“做秀”，你的一言一行，都是有象征意义的，要考虑其他店员的想法，也要意识到可能带来的负面影响。

下面，请你思考：如果你和某一位异性店员之间产生了恋爱关系，你该如何处理这件事情？把你的答案写在下面：

3. 忌“亲和动机”不纯

亲和店员不是无缘无故的，是有动机的。要想做到理性亲和，你就得控制好动机。如果动机不纯，并且被店员发现，后果非常严重，比如失去店员的信任、和店员产生隔阂、店员跳槽、竞争对手乘虚而入，等等。

不纯的亲和动机有哪几种？

☆ 为利用某些店员而和他们亲和。

☆ 为报复某些店员而和其他店员亲和。

☆ 为站稳脚跟而短暂性亲和。

☆ 为获得店员支持而偏向性亲和。

☆ 为向老板要资源而团结性亲和。

☆ 为顺利开展某个活动而有选择的亲和。

动机决定结果，动机不纯，很难达到理想效果。很多店长在这么做的时候心存侥幸，希望自己的做法不被店员识破，这样的想法是不可取的。

4. 忌间歇性亲和

所谓“间歇性亲和”，顾名思义，这种亲和关系不是平稳发展、可持续的，也就是说有时间段的，这些店长并不是每时每刻都和店员保持亲和关系的，只有在想要拉拢店员或者某种固定的时间段才有这种关系存在，比如需要店员配合完成某个营销活动的时候，或者每年固定的“联欢月”的时候。

这种间歇性亲和有什么样的危害呢？总的来说有以下几点：

☆ 不容易获得店员的信任，亲和的“成本”很高。

☆ 亲和效果非常有限，甚至引起店员反感。

☆ 作为店长的诚信易遭到质疑。

☆ 因上述三个因素而给店铺经营埋下危机。

亲和，应该是一个连续的、理性的动作，目的是为了提高店铺的经营效果。要想完成好这项工作，或许你需要改变的地方还有很多。现在，请把上面所提到的要求和你自己的情况做一个清晰比对，看看哪些方面需要自己改正。

5. 不为亲和而讨好他人

和店员之间保持亲和关系对于提升自我气场来说是非常重要的，不过很多店长在亲和过程中却犯了一个非常致命的错误：把“亲和”理解成“讨好”。和店员保持亲和的关系，并不等于要去讨好每个人，甚至不顾事实，顺着店员的意思去做事。这是一个误区。在提升自我气场的过程中，你一定要注意。

情景范例　　**到底应该听谁的?**

董平最近被老板提拔，成了一个餐饮店的店长。临近春节，老板希望董平能够制订一个春节年夜饭的促销计划，提高店铺的利润。接到这个任务之后，董平就开始了思考。

在他成为店长之前，他就曾经听原来的店长说过：作为一名店长，如果和店员之间关系没有搞好，工作很难开展，特别是举办一些活动的时候，店员很有可能趁机和你捣乱。这个时候你也不可能开除他们，否则很难在短时间里招到人手。

记住这句话的董平此刻在想，要和店员搞好关系，最重要的一点就是要和他们商量活动的具体细节，让他们以“参与者”的身份加入这个活动，从而提高积极性。主意已定的董平随后召开了一个店员大会，无论是厨师还是服务员，都参与讨论、制订促销计划。

让店员参与进来，这原本是一个好主意，只是董平似乎忘记了一点：最终做决定的人是自己，而不是店员。在整个讨论过程中，董平一直在追问店员到底该怎么办，一直在妥协，甚至想要满足每个人的需求和想法。这自然是行不通的。会开了两天，一点结果都没有。店员们觉得很纳闷：这个店到底应该听谁的?

亲和店员，确实是为了获得他们的支持和认可，从而提升自我气场。遗憾的是，像案例中的店长董平却误解了这个意思，把亲和店员理解成了无条件顺从店员、满足店员的需求。自然，这样的理解是错误的。

怎样做才能在亲和店员的时候，避免犯讨好每个人的错误？要做到以下几点：

◎ **保持底线和原则**

亲和，不是没有底线和原则的。无条件的亲和，不仅很难真正和店员搞好关系，而且还会让他们觉得你是一个“没有骨头”的人。那么，在亲和店员的过程中，哪些底线和原则需要你去保持呢?

☆ 不伤害店铺的利益。

☆ 不伤害某些店员的利益。

☆ 不违背市场规律。

☆ 不违背初衷。

☆ 要有自己的想法。

☆ 公平、公正、合理，不违法。

在实际的工作过程中，情况可能错综复杂，店员对你有所期待，你对店员也有所求，在这种期待和需求的过程中，你很有可能因为一念之差而丧失底线和原则，从而伤害自己的气场。如果此时此刻，你正处在类似的境地之中，你该如何处理这些事情呢？把你的方法写在下面的空格中：

____

____

____

◎ 保持自身姿态，低调而不自卑

很多店长一想到亲和店员，无形之中就会把自己的姿态降低很多，认为自己这么做是在请求店员支持自己，如果不把姿态放低一点，就会遭到拒绝。

暂且不说这些店长在这么做的时候，是否已经犯了动机不纯的忌讳，有一点可以肯定：他们在无形之中已经表现得有些自卑、找不着自我了。作为店长，要让自己有魅力，提升自我气场，保持低调是合理的做法，但这里的低调不是自卑。

如何做才能既保持低调，又不至于出现自卑情绪呢?

☆ 多做实事，不说大话。

☆ 遇事多和店员商量，但不要完全听从，大主意自己拿。

☆ 坚持自己的看法。

☆ 用事实来说服店员改变看法。

☆ 认清自我，看到自己的优势和缺点。

◎ 倾听意见却不盲目顺从

店员是一线员工，在很多问题上有着独到的理解和看法，作为店长，如果能够多多倾听他们的意见，对于制定店铺战略、完善策划方案有着非常大的帮助。不过，在这里要注意一点：做事情不能过于绝对，你在听从店员意见的时候，也要看重自己的初衷和想法，不能盲目顺从，否则很有可能偏离自己的目标，给店铺造成损失。

◎ 尊重店员也要相信自我

从表面上看，尊重店员和相信自我之间并没有什么内在的联系，实际不然。很多店长认为要想尊重店员，那么就应该听从店员，尊重店员的意见，少一点自我，多一点他人。慢慢的，这种尊重就变了味道，成了不自信、不相信自我的做法。

现在，我们要走出这个误区，尊重店员，并讲究底线和原则，相信自我，也要虚心和谨慎。做到这两点，气场的提升问题就不大了。

第七节　气场型店长需具备的五大心态

心态影响形象，要想成为一个有气场的店长，有些心态是不可缺少的。在我们身边，心态不够正的店长很多，而且绝大多数的管理效果都不是很好。店长要想提升自我的气场，以下五种心态是不可或缺的：

1. 积极

店长自然会面对挑战性目标，面对激烈的竞争，店长的压力是最大的。然而也正是这种压力，推动了门店的经营发展。作为店长无论遇到什么困难和压力都不能在员工面前抱怨，因为自己的情绪会感染给门店全体员工。当店长满腹牢骚时，员工已经有了完不成目标的借口。店长只有保持积极乐观的精神，才能正面地影响和感染员工，让他们变得更积极、更有希望。

首先，积极的心态是店长成功的“血液”。积极的心态会使人充满热忱，满腔的热忱又会使人的心态更积极，敢于向困难挑战。店长在成功的路上难免遇到麻烦，只有具备积极的心态，才能主动寻找解决问题的方法，而不是自怨自艾，听天由命。积极的心态还会使人在极端困苦和危急的状态下，更加充满必胜信心。成功的各种因素，必须和积极的心态结合起来，否则，就不会有足够的功力。积极的心态是领导者成功的法宝，所有的成功因素都必须以积极的心态为基础，必须像血液一样，融于工作之中。

其次，积极的心态能吸引积极的员工，让他们更喜欢你。如果你是一个积极乐观的人，你自然会产生一种吸引力场，吸引着同样积极乐观的人，为自己创造好的环境，他们会支持你和你的目标。相反，如果你是一个负面悲观的人，你就会产生排斥磁场，把身边积极乐观的人都赶走，甚至将有利的环境都排斥掉了，而吸引一些同样悲观的人。

积极的心态具有感染力，能够传递给员工。俗话说：近墨者黑，近朱者赤。如果店长是一个积极乐观的人，那么一起共事的员工一定也会受到暗示，变得积极起来。一个拥有积极心态的员工，必定也能如店长一样自信、感染人，有梦想。

2. 耐心

富兰克林说："有耐心无往而不利。"所谓耐心，是指动态而非静态，主动而不是被动，是一种主导命运的积极力量，而不是向环境屈服。作为店长必须要具备耐心的品质。只有如此才能专注自己的目标，不会因为一两次失败而退缩、放弃，从而最终走向成功。

作为店长，还需有耐心倾听来自员工的声音。倾听时，一般要做到少讲多听，不要打断对方，给对方充分的时间来表达自己的意思；设法使交谈轻松，使倾诉的员工感到舒适，消除拘谨；店长要表现出有聆听的兴趣，不要显得冷淡与不耐烦；尽量排除外界干扰；站在员工立场上考虑问题，表示出对员工的同情；控制情绪，保持冷静，不与员工争论；巧妙的利用时机提出问题以示你在充分倾听和求得了解；不要计较员工口气的轻重和观点是否合理。

作为店长要对培养员工有耐心。每一个人店长都希望自己的员工能更快成长起来，进而可以独当一面，这种急迫的心情完全可以理解。员工更快地成熟起来，不仅可以帮助店长分劳、分忧，提升团队的产能和产出，并且也能体现店长的价值。但是，管理是一个逐渐引导、慢慢渗透的工作，不可能今天管了，明天就立刻变个样子，它不是一蹴而就的事情。因此店长一定要有足够的耐心，员工成长并不会因为你多投入五倍的精力和关注，过程就能缩短到原来的1/5。而且，当店长对员工发挥耐心的品质时，其实是在进行一种影响力的投资。

想象一下园丁的做法，当他栽种的植物成长不如预期，他并不会去责备这些植物，而是为它们提供更好的成长条件。员工的培养，也是相同的道理。

3. 开朗

作为店长，一定要活跃、开朗，不要每天板个脸摆老大的架子；做事情不要带情绪，每天要开朗、积极地穿梭在员工和顾客之间，用你开心的笑容和优质的服务感染大家，使一天的工作成为快乐的一天。只有轻松的氛围才会让员工积极，让顾客舒服。如果你不活跃不高兴，你的员工就会感到压抑，把情绪带到工作中去，从而影响服务和工作效率。所以管理者的开朗很重要。

开朗的店长要具体做到：

（1）每天早上先开口向你的员工问好。

（2）提高说话的声音，并且加快行动。

（3）洒脱地、积极地表现自己的情感，如喜欢、激动、敬佩、惊讶等。

（4）注意自己的服装和表情，给人以干净、利索、不做作的感觉。

（5）始终保持微笑。

4. 包容

作为店长要有“宰相肚里能撑船”的胸怀，对员工在工作中造成的麻烦和干扰，多一些理解和包容，并且给予正确、积极地引导。只有这样的领导，才能保证员工的团结一致。

一位心理学家说过：如果员工能在完全放松、一点儿也不紧张、没有一丝杂念的状态下工作，就能发挥他应有的能力。要使人才进入这样一种精神状态，固然要靠其自身的精神境界和自控能力，然而领导者助其增扩心理容量，创造一个宽松、和谐的外部环境也至关重要。

作为店长一定要容得下比自己强的人，对他们提出的宝贵意见进行鼓励和支持，这样店铺才能发展；店长也要有容人之短的胸怀，甚至要善用人之短，比如一个人爱挑剔，那么就可以把他安排在需要斤斤计较的岗位上；店长还要可以容人之错，每个人都难免犯错，而只有一个敢想、敢做的人才有可能犯错，所以犯错的员工可能更能干、更有创造力；店长还要容人之异，对于不同的意见和建议，店长绝对不可打击禁止，而是要多鼓励、多支持，只有这样才能集思广益，寻找到更好、更快的发展之路。

5. 平和

店长是店铺的实际管理者，是店员的顶头上司，但并不意味着因此就可以作威作福，随意摆布店员，这不是气场型店长应该具备的心态。

情景范例　　**我不是普通人**

琳琳是某店铺的一名普通店员，最近因为工作业绩良好，加上原来的店长怀孕辞职，店铺老板便提拔她为店长。就在当上店长之后，琳琳似乎突然间变了一个人。原本谦和的她变得自大起来，言行之中透着一股“我不是一般人”的神情。

有一次，她和一个店员（以前的同事）聊天，说到如何让顾客放下戒心，快速购买的技巧时，同事说要这么做，她却非得说要那么做。其实两种方法都是可以的。就在争执不下的时候，琳琳发火了，对同事吼道：“你以为你是谁啊？我是店长，就得听我的，我可不像你们，普通人一个！”

一句话噎得同事不知道该怎么说才好。很快，“我不是普通人”的说法就被同事们传开了。没过几天，这句话甚至传到了店铺老板耳中。

对于一个店铺来说，店长可以说是最大的“官”，也正因为如此，很多店长就有些忘乎所以，把自己当成无所不能的人了。不管如何，店长本身也是一个普通人，也应该以良好的心态来面对自己的职位。

把心态放平和一点，就不至于那么高不可攀。这对你进行店铺的管理工作来说，是非常有帮助的。或许对于你来说，现在应该了解的是具体该如何放平自己的心态。

◎ 领导者的身份越少越好

店长，确实是一个店铺的领导者，这是公认的。不过这并不意味着你时时刻刻都需要把领导者的身份摆出来，似乎缺少这个身份，你的工作就无法开展了。暂且不说这是一种不够自信的行为，更重要的是，如果你始终以这样的方式来完成工作，对于提升自我气场是非常不好的。可以说，你的气场一直依赖于“领导者”的身份，而不是自身的魅力和工作的能力。

如何做才能不依赖于“领导者”的身份去工作？

☆ 要多看到店员的能力和潜力。

☆ 充分了解自身的不足和缺点。

☆ 低调做人，高调做事。

☆ 多商量，少命令。

☆ 多倾听，少独断。

☆ 做事情不要自以为是。

现在，请你扪心自问，你在工作的时候是不是也以“领导者”的身份压人呢？如果是，希望你现在就想想该如何改变。

____

____

____

◎ **高人一等的姿态要不得**

人，天生有一种反抗意识，遇到比自己强大或者强势的对手时，就会不由自主地产生对抗的想法。作为一店之长，如果你始终以高人一等的姿态去面对你的店员，将会给你的工作平添很多障碍。

如果你是一个有气场的店长，根本不需要用高人一等的姿态来展现自我；如果你不是一个有气场的店长，那么不管你怎么使用高人一等的姿态，都无法获得店员真心的拥戴。这是一个内在的逻辑关系，也是一个矛盾，遗憾的是很多人都没有了解。

那么，在你心目中，高人一等的姿态主要表现在哪些地方呢？

____

____

____

“高人一等”的姿态，主要体现在以下几个方面：

☆ 喜欢以“这是命令”“必须执行”等口吻给店员布置任务。

☆ 认定店员什么都不懂、没有资格提意见。

☆ 无法听从店员的意见和建议，固执行事。

☆ 店铺的事情不需要任何人插手，包括店铺老板。

☆ 喜欢店员高看自己，抬举自己。

☆ 不允许不同意见的存在。

有句话说得很好，店长越是以高姿态出现，和店员之间的心理距离就越远，提升气场就越难，看看身边的这些店长，事实不正是如此吗？

◎ 切忌表现得太功利

表现得过于功利，也是很多店长心态不够平和的一种表现。比如要求店员在短时间里做出业绩，只愿意和有能力的店员交往，只愿意和老板青睐的店员亲近，对老板的意见无条件服从，等等。很显然，如果你这样做，或许能获得短暂的利益，不过从长远来看，对你提升自我气场不仅一点好处都没有，而且还有很大的坏处。孰是孰非，我想聪明的你应该很清楚。

3 第三章

获得认可，夯实气场的基础

我们常常看到一些店铺，店长和店员之间的关系非常紧张，店长要求店员往东，店员偏偏往西，整个店铺弥漫着一股“和店长对着干”的气氛。很显然，这样的店铺销售业绩不会好，店长身上也没有任何的气场可言。

为什么会出现这种情况？答案很简单：店长没有获得店员的认可，继而引起了店员的反抗情绪。一个有气场的店长，往往和店员之间是一种齿轮般相互咬紧的状态，店员认可店长的领导，而店长认可店员的工作。他们之间各有各的工作，但彼此之间相互配合，协调统一。

从这个角度来说，店长要想做好管理工作、提升自我气场，争取获得店员的认可是一个非常重要的工作。不过，在这里，你还是要注意一点：争取获得店员的认可并不等于为了认可而认可。这两者之间有着本质的区别。

具体有着什么样的区别，该如何正确获取店员认可？接下来我们就探讨一下。

第一节 店员是否认可的评判标准

是否获得店员的认可，是衡量店长是否具备气场的标准之一。尽管这个标准并不是特别容易判断，但还是能够通过店长和店员相处时的点点滴滴体现出来。

你的店员认可你吗？当你被人问到这句话的时候，你该如何回答？或许你不想回答；或许你很难回答。这说明从某种程度上来说，你的管理是盲目的。

今天，这种局面应该有所改变了，至少你应该清楚地知道一个答案：“店员认可我吗？”如何知道这个答案，借助下面的几点即可，非常简单、方便。

1. 是否客观看待你

我们常说一个人是否能够客观看待另一个人，关键要看此人的心态如何。心态平和，客观看待就不成大问题，否则看待问题就容易受到情绪的影响。那么店员是否客观看待你，是不是也和他们的心态有关系呢？自然是如此。不过另一方面，店员看待你的心态是否平和，最直接的来源在于是否认可你。

如果店员认可了你，无论面对你的成绩、错误、优势、缺点，都能做到心态平和。如果不认可，那么无论是你的成绩还是优势，他们都会觉得原本不应属于你，是你通过不正当的手段获得的。

其实类似的心态我们有时候也有。你可以理解为嫉妒，但它们的本质就是不认可。想想看，你是否也曾如此？

____

____

____

如果你的店员无法做到客观地看待你，常常会有以下几种表现中的一种或者几种，请你自查：

☆ 在你取得成绩时，不屑一顾或觉得理所应该。

☆ 在你遭受挫折时，幸灾乐祸甚至落井下石。

☆ 认为你能当上店长，靠的不是实力。

☆ 觉得你和某个店员走得近是有目的的。

☆ 认定你所做的事情都是为了自己。

☆ 认定你做事情绝对不会为他们考虑。

☆ 有意或无意地排斥你。

☆ 认定你不是一个有能力的店长。

☆ 觉得你应聘时出示的文凭是假的。

☆ 觉得你身上的名牌衣服是山寨的。

☆ 认为你的微笑是笑里藏刀。

☆ 认为你不是一个正派的人，藏有私心。

总而言之，如果店员对你不认可、无法做到客观看待，那么什么样的“屎盆子”都有可能往你脑袋上扣。在这里还要提醒你一点：在按照以上几点进行衡量的时候，要考虑是极个别人这么认为还是大多数人这么认为。如果是极个别人，你大可不必担心，毕竟人心我们无法控制，任由他们去好了；如果大多数人都这么认为，你就应该好好反省一下自己是不是在什么地方出错了。

现在，把你的衡量结果写在下面吧：

____

____

____

2. 是否诚心采纳你的意见和建议

认可一个人，我们会采纳这个人给予的意见和建议，这是很正常的一件事情。可是如果我们不认可这个人，而他偏偏要对着我们一番说教，我们会怎么做？常见的做法是“左耳朵进右耳朵出”，并且还在心里默念：“你自己都没有做好，凭什么给我提意见！”

是的，如果连他自己都做得不够好，是没有资格来教训我们的。你在这么想的时候，其实店员也在这么想。如果店员不认可你，那么你给予他们再多的意见和建议都是白搭，他们不会接受，还会觉得你很烦。

还有的店员迫于形势或者其他方面的压力，表面上采纳了你的意见和建议，但内心还是不愿意、有抵抗情绪的，这同样是一种不认可。所以，在使用“是否采纳意见和建议”这一点去衡量店员是否认可你的时候，一定要加一个条件：是否诚心采纳。不够诚心，就意味着没有认可。

如果店员在采纳你的意见和建议时不够诚心，往往会有以下表现：

☆ 不开心，情绪不佳。

☆ 不以为然，不服气。

☆ 不耐烦，想要快点离开办公室。

☆ 情绪化地和你顶嘴。

☆ 我行我素，不听劝说。

☆ 在原来的错误上再次犯错。

仔细观察一下，你在给店员提供意见和建议的时候，是否也遇到过类似的情况？或者你可以当场叫一位店员进来试验一下。

3. 是否心甘情愿服从你的指派并感到愉悦

你在指派店员去做一件事情或者参加一个活动的时候，店员的表现是什么样的呢？是心甘情愿地去执行，还是慑于你的威严不得不去执行呢？甚至拒绝执行，和你对着干呢？

在店长指派店员工作的时候，这几种情况都存在，不过只有第一种情况表明，店员是真正认可店长的指派并愿意执行的。认可，是到位执行命令的基础。缺少了这个基础，所有的执行都可以算是不到位的。尽管很多时候，这种不到位的执行也达到了最终目的，但并不能因此提升店长的气场，甚至还会加剧店员的不满情绪，他们会认为如果你按照他的方法，效果可能更好。至于结果是不是如他所述，我们无从研究，不过有一点是肯定的：店员不认可你，你所做的一切似乎都是错的。错的是错的，对的也是错的。

是不是觉得很郁闷、不解呢？人心就是如此，一旦他人对你产生了不认可的情绪，你的一切行为在他眼中看来都是错误的。

很想知道店员在接受你的指令时是否心甘情愿？检测一下吧：

☆ 接受任务时无明显的情绪低落现象。

☆ 会和你探究任务的具体细节。

☆ 敢于承担责任。

☆ 遇到困难和挫折会自己想办法解决。

☆ 不会半途而废。

☆ 不会推三阻四。

☆ 不会以“不会做”为借口拒绝执行。

4. 是否尊重你，并把你当成自己人

如果你是一个被店员认可的店长，那么店员与店员之间往往能够做到彼此尊重，合作无间。为什么这么说呢？理由很简单：通常，店员之间冲突不断，是因为做店长的你容忍某些人的不良表现。当他们之间合作无间时，往往意味着你是一个公平、强有力的领导者。

换句话说，店员在你的眼皮子底下冲突不断，是一种不尊重你的表现，而这种不尊重的来源就是不认可。

另外，如果你觉得店员不把你当成自己人，那么十有八九也说明他们不认可你。他们不把你当成自己人，往往会有以下表现：

☆ 不愿意和你探讨工作。

☆ 不愿意和你共度业余时间。

☆ 不和你分享一切可以分享的东西。

☆ 在你面前，他们会不由自主地伪装。

☆ 你和店员之间没有共同的秘密。

☆ 他们并不希望得到你的理解和支持。

☆ 没把你的事情当成份内事。

☆ 喜欢和你斤斤计较、讨价还价。

☆ 并不在意你怎么看待他们。

☆ 不容易接受你的观点和想法。

☆ 只把你当成领导，而不是朋友。

☆ 不愿意和你交流，更不愿意和你说心里话。

仔细数数看，你和店员之间的关系，上面哪几条可以概括。如果超出 3 条，就可以说明店员并不认可你这个店长，至少在某些方面是如此。你应该好好反省一下，努力改正。

5. 是否主动接近你并向你汇报工作

当你被店员认可之后，店员会主动接近你，并向你汇报自己的工作。比如当你回到办公室，你的店员会主动告诉你他们做了什么、为什么那样做、出现了什么样的结果。这意味着他们对自己做的事情相当自信，并且相信你也认为他们做对了。

即使你不在办公室，你的店员也知道你期望他们做什么。这意味着你已经让每个人明白了你对他们的期望，并且赋予了他们充分的自由去做自己认为正确的事情。另外，在收到你的负面反馈后，你的店员不会生气或觉得震惊，这意味着店员认可你的看法，也意味着你很好地掌握了在不伤害他们自尊的情况下提供负面反馈的技巧。无论是哪一点，对提升你的气场都是非常有帮助的。

第二节　店员不认可的原因

"我已经很努力了，可是店员就是不认可我，到底是为什么？"在和一些店长沟通的时候，他们常常会发出这个疑问。这些店长也知道获得店员认可的重要性，并付出了努力，只是效果甚微。

一般来说，店员不认可店长的原因有以下几种，现在我们就来了解一下：

1. 对店长有成见

店员一旦对店长产生了成见，很容易戴有色眼镜看人。以后无论店长做什么样的事情，店员都会觉得不对，产生反抗情绪。

店员为什么会对店长产生成见呢？原因很简单：店长做了一些"对不起"店员的事情，比如下面这个案例中的店长：

情景范例　**店铺周围装了摄像头**

成都某店铺的新任店长，为了改变店铺的经营状况，提高业绩，决定对店员实施严格的管理。具体做法是：在店铺周围安装了八个摄像头，从各个方位对店员的一举一动进行全天候监控，目的在于监视店员的工作情况，看有没有工作开小差、迟到和早退现象等。

本来工作压力就很大的店员对此深感气愤，认为店铺严重侵犯了他们的隐私权，要求拆除这种不人性化的监视系统。而店长认为自己是店铺的管理者，完全有权力这样做，店员只能服从，所以一口回绝了店员的请求。

刚开始，的确收到了明显的效果，迟到早退的现象减少了，也没有人开小差了，看起来工作效率也上去了。可是到了春节以后，几个销售骨干集体跳槽到另一家店铺，剩下的几个店员对店长也是阳奉阴违，不愿意听从指挥调配。这下店长慌了，立即拆除了这些严重影响店员情绪的摄像头。但为时已晚，这个不明智的举动已经造成了大量人才的流失。

想改变店铺的经营状况，心情是可以理解的，但案例中店长的做法太过分、太极端，也难怪会引起店员的反抗。显然，这样的店长是无论如何都不会获得店员认可的。

2. 不理解你的管理文化

即便是对待同一个店铺，店长和店长之间的管理文化都是不同的。有的店长崇尚柔性管理，而有的店长崇尚强权管理，有的店长甚至崇尚责骂管理。不同的管理方式，有着不同的适用范围和使用效果，也会对店员造成完全不同的影响。当店员不理解店长的管理文化时，就会产生隔阂、矛盾，店员不再认可店长。

情景范例　　**店长被老板训斥了**

利达店铺的老板走到店长的办公室门口，恰好听到店长在训斥她的店员，就停下来听了一会儿。

“李泌，你再好好看看你的这份报告吧，你觉得靠它能蒙混过关吗？”

“不，店长，我没有……”

“不要再解释，再这样下去就别拿薪水了。”

“我……”

“还有你，王婷，我上回让你做的活动方案你完成得怎么样了？”

王婷轻声说：“店长，那个活动的创意确实不好想，我还没……”

“什么？还没完成？店铺养你们这帮人是干什么用的？你最好明天一早就把活动方案摆在我的办公桌上，否则你就别干了。”

老板推门走进屋，之前那些接受批评的人一个个都像蔫了的茄子似的，低头站在那里，谁也不敢吱声。老板向她们摆了摆手，示意她们离开。

等这些店员走了之后，老板对店长说："你现在的脾气可是越来越大了呢，缺少了一种循循善诱的方法，这可不太好。店员做得不好的地方，你可以采取批评的态度，但也应该要有理、有力、有节，像你刚才那样，连店员解释的机会都不给，这是最挫伤店员积极性的。她们会作何感想呢？是否满腹委屈却无处申述？下次，她们对工作还会有主动性吗？对你还能抱有信赖感吗？还能认可你的管理吗？"

听着老板的话，店长也低下了头……

老板训斥得是。案例中的店长实行的就是责骂式管理，在她心目中，把店员责骂得越厉害，店员的工作积极性就越高，也越会认同自己的管理。然而事实上，结果正好相反，店员只会变得更加无所适从。店长责骂、批评店员的事情时有发生，你或许也曾经这么做过。在这里，你应该好好反省，自己是不是也和案例中的店长一样，犯了过度责骂的错误呢？

3. 你不懂得表达自己而产生误解

店长并不全是混蛋，很多时候店长的做法是正确的、善意的，只是他们不善于表达自己，而使得店员误会，最终落得一个不被店员认可的结局。这种情况可能有以下几个版本：

☆ 不解释或无解释。单纯地要店员执行某个方案，却不告知为什么要执行、执行的重点在哪里、最终要达到什么样的目标，等等，在这种盲目的情况下，店员很容易产生误解，导致执行失败，从而不认可店长的管理。

☆ 想解释却乏于词语。有些店长能力很好，却乏于言语。对于一件事情，他有很深刻、独到的理解，可是在向店员解释的时候就不知道如何说了。久而久之，误会就会产生，店员不认可的情况也会出现。

☆ 表达有误招致误解。这种情况最为常见，店长原本是要店员执行 A 方案，但在解释之后，店员理解为"不要执行 A 方案"，错误随即产生，不认可的情绪也就开始蔓延。

类似的情况还有很多，你是否也曾经碰到过呢？不要犹豫了，把它们记录下来，对你提升自我气场是有帮助的。

____

____

____

4. 不兑现承诺，伤害他们的利益

店长给了店员一个承诺，最终却不兑现，这是一种什么样的行为？

或许你会告诉我这是一种没有诚信、不负责任的行为。没错，不能兑现自己承诺的店长确实没有诚信可言。不过你是否知道，店长的这种行为还有一个负面影响：导致店员的不认可。

如果你不信，可以看看下面的案例：

情景范例

莉莉被调到销售部了

莉莉是某大商场的家电部销售人员，主要工作就是对前来购买家电的顾客介绍商场的商品，并且帮助包装，和销售部取得联系，负责搬运、送货等一系列的工作。毫无疑问，这样的工作非常辛苦，男店员尚可以承受，对于莉莉这样的女性店员来说，工作的强度就有点大了。

其实莉莉原本不是销售部的，而是售后部的，因为当时销售部缺少人手，店长就将性格开朗、能言善辩的莉莉从售后部直接调到了销售部，并且许诺，像搬货、清理货场这样的重活累活不用她做，而且薪酬和其他销售人员一样，不会少一分。虽然有些不公平，但是同事看在她是女性店员的分儿上，也就同意了。

可是工作刚刚开始，莉莉就发现情况有些不对了。首先是在重活累活的问题上，店长经常有意无意地让莉莉参与，虽然不是直接搬运货物，但是拆卸、清扫、腾挪场地等活一点也不比搬运轻松。但是莉莉并没有抱怨，毕竟自己的薪酬和其他店员的薪酬是一样的，自己不多做还说不过去呢！

就这样，一个月过去了，莉莉的销售业绩很好，提成很高，可是在结算工资的时候，莉莉却发现比店长当初承诺的少了很多。通过和出纳沟通，莉莉才发现问题的所在：店长给莉莉开的工资都是以普通店员工资的80%来计算的，理由就是她做的事情要比别人少一点，轻松一点，自然要打个折。

虽然莉莉提出了抗议，但是店长一直没有明确表示怎么解决。第二个月开始的时候，莉莉“学乖”了，货场的事情无论如何也不去了，反正她一个人的薪酬是打折的，拿得少就应该做得少，何必累死累活呢？很快第二个月发工资的时间到了，莉莉看着拿到手的薪水彻底傻眼了，这次不仅打折，而且连奖金也没有了，理由是她货场的活一点都没有做，哪来的奖金？

店长的行为彻底激怒了莉莉，甚至连她的同事也觉得店长做得太过分了，要用别人的时候，什么都答应，等到对方上钩之后就把人甩在一边不理不睬。经过这件事情之后，店员们再也不听从店长的指挥和调配了。

案例中的店长落得这样一个下场可以用两个字来概括——“活该”。他不仅再也无法获得店员的认可，而且别人对他的人品也会产生怀疑。在这里我还是要提醒各位店长一句：如果你不想落得这样一个下场，千万不要做有诺不践的事情，那简直就是气场的克星。

5. 和你产生了对立情绪

很多时候店员之所以不愿意认可店长，并不是因为店长不兑现自己的承诺，也不是因为店长不善言辞而产生了误会，事实上是店员和店长之间过去因为某些事情产生了对立的情绪，并且这种情绪在长时间里没有消除。

导致店员和店长之间产生对立情绪的原因有很多，比如店长私下说店员的坏话就是其中一种。

情景范例

私下说店员坏话的店长

周晔自从大学毕业之后就进入了一家广告设计公司，因为大学时期学习的就是广告专业，所以，找到这样的工作也可谓是专业对口。周晔很珍惜这来之不易的机会，工作非常积极，无论是设计广告图纸还是到户外进行广告位的安装，总能看到周晔忙碌的身影。这样的工作虽然又苦又累，但是周晔并没有觉得什么，毕竟，刚刚走出校门的他，急需各方面的锻炼和学习。

可是令周晔没有想到的是，他的努力并没有换来店长的青睐。不仅如此，他还听到了一些闲言碎语。有一次，他听到自己的领班和店长在洗手间聊天，店长这样对自己的领班说：“你们部门那个叫周晔的，干活看起来挺卖力的啊？”

领班回答：“年轻人嘛，想多学习点东西。”

店长说道：“年轻人，总是给人感觉锋芒毕露的，这样子的人我很不喜欢。脑子里什么都不懂，却装作什么都懂；什么都想做，却什么都做不好。他以为这是敬业，却不知道，这是在添乱。就像上次安装A店铺的广告牌一样，原本是老师傅上去的，那个周晔为了逞能硬是要上去，结果不仅把广告纸弄破了，自己还差点掉下来……”

听到这里，周晔再也听不下去了，他的心凉了半截。他根本就没有想到，自己的努力工作在店长眼里是这么的“上不了台面”，竟然成了一种“锋芒毕露”的行为，是为了“表现自己”……店长的这些话就像一把把锋利的钢刀，戳疼了周晔的心，也扯碎了周晔原本单纯的梦想。

从那一刻开始，周晔改变了自己的行事风格。他尽量不去做和自己无关的事情，有意无意地消极怠工，甚至好几次，还偷偷溜出公司，做起了私活……

第三节　追求认可的错误表现

店长获得店员的认可，可以领导店员开展一系列的店铺活动，打败竞争对手，确立店铺的行业地位，为店铺获得更多、更大的利润，这是一件非常有气场的事情。很多店长正是意识到这一点，开始把更多的时间和精力放在了这件事情上，似乎获得店员的认可已经成了他们的终极目标。

你认为这些店长的这种做法正确吗？不要多加思考，凭你的第一感觉，给出答案。无论你觉得是对还是错，都请说出自己的理由，并把它们写在下面的横线上：

____

____

____

把获得店员的认可当成自己的终极目标，是一件舍本求末的事情。

为什么这么说呢？原因很简单：获得店员的认可是店长实现自我目标的一个途径，或者说是一个保障，并非目标本身。店长真正应该实现的终极目标是不断改善店铺的经营，同时历炼自身能力、提高自我气场，为取得更大的成功打下基础。

通过以下几点，你可以进行判断，看看自己是不是犯了舍本求末的毛病：

1. 没有原则和底线

在店铺的管理中，作为店长的你很容易和店员之间就某些事情意见达成一致，甚至在相互妥协的过程中最终解决。这看似是一件好事，只是有一点你可能没有意识到：在解决的过程中，你妥协的程度有多少。是妥协 1%，还是妥协 100%？两者都是妥协，但意义并不一样。妥协 1%，说明你非常坚持自己的想法和看法，希望店员顺从你的意思，可是如果你妥协了 100%，就意味着你已经失去了原则和底线。古人说："过犹不及。"其中的度一定要拿捏好。

情景范例　**一把鼻涕一把泪的店员**

某位店员在没有请假的情况下擅自脱岗去办私事，导致店铺货物丢失，给店铺造成了损失。按照规定，这种情况需要店员赔偿店铺损失，并且扣除当月的奖金和福利。可是当这位店员一把鼻涕一把泪地出现在店长的办公室时，店长就心软了。加上她的哭诉，向店长解释自己之所以脱岗是因为家人生病住院，需要去探视……

为了达到让店员认可的目的，店长很快做出了决定：对此事不作处理，既不扣除这位店员的奖金，也不减少这位店员的福利，丢失的货物按"破损"处理。

很显然，案例中店长的做法就是一种没有原则和底线的做法，尽管他这么做或许在短时间里会让店员觉得"这个店长真不错"、"这个店长好说话"，可是从长远的角度来看，这种认可是站不住脚的。因为一旦店长在管理上失去了原则和底线，那么几乎所有的店员都会私自脱岗，然后再一把鼻涕一把泪。请问，一旦出现这种情况，你又该如何管理？

2. 盲目顺从店员的意见

当你就某件事情和店员之间产生冲突或者矛盾的时候，你会怎么做？是坚持自己的看法，还是顺从店员的意见？或许你会说："如果店员的意见是正确的，我会顺从。如果不是，我会坚持自己的意见。"

很好，这说明你是一个有原则的店长。遗憾的是，在我们身边，真正能够做到这一点的并不多，特别是在获得店员认可的大要求下，越来越多的店长选择了“无条件投降”——盲目地顺从店员的意见，无论他们的意见是正确的还是错误的。

“只要他们觉得高兴，以后能配合我的工作就好。”这是很多店长的说法。暂且不说店长这么做是不是会给店铺带来损害，即便没有损害，店长的管理也不会顺利。一旦店长盲目顺从习惯了，以后还有他拿主意的份吗？

盲目顺从，就是一种放纵、一种不负责任。这样的店长，只会削弱自己的气场。

3. 巴结、屈从于强势店员

和盲目顺从店员意见的店长相比，有些店长就表现得“有骨气”一些，他们仅顺从于强势的店员。这里的强势店员可能是以下几种：

☆ 有背景的店员。

☆ 和店铺老板有关系的店员。

☆ 经验丰富的店员。

☆ 老店员。

☆ 性格脾气暴躁的店员。

☆ 抓住自己把柄的店员。

在这些店长心中，似乎有这样一种想法：只要和这些强势店员搞好关系，获得他们的认可，那么就能借助其强势，获得其他店员的认可。事实上，店长这么做，只会把自己变成强势店员的傀儡，既无法做好自己的工作，也无法提升自己的气场。请问，这又何苦呢！

4. 为获得认可不惜辱没自己

在很多影视剧中我们可以看到这样一群人：为了达到自己的目的，不惜辱没贬低自己。尽管影视剧表现得有些夸张，但现实生活中这类人也有不少。很多店长为了获得店员的认可，不断地埋汰自己、过分地自贬自嘲，似乎只有把自己说得不成人样，别人才会认可自己。

其实他们这么做无非就是抬举对方，希望通过这样的方式来获得对方的好感和认可。现在告诉你：这些人的想法太单纯，根本不现实。原因很简单：一个连自己都不认可自己的人，还指望别人来认可你吗？这不是笑话又是什么呢？

第四节　获取店员认可的四大技巧

很多店长都在嘀咕：我很想获得店员的认可，不过店员像和我作对似的，就是对我爱答不理，不愿意配合。我该怎么办？

这种情况确实存在，不过这些店长这么一说，似乎把所有的责任都推到了店员身上，认定店员不认可自己是店员不对，而不是自身存在问题。很显然，这些店长的想法有失偏颇，对店员不公平。

认可，说到底就是一个人际交往的过程，你希望别人接纳你，除了要付出应有的诚意之外，还得注意技巧，缺失这一点，很容易给你造成障碍，影响你的管理和气场。

获得店员的认可，有哪些技巧可以使用呢？

1. 认可是相互的，你认可别人了吗

认可不是一个单方面的事情，作为店长，要想获得店员的认可，首先也得学会认可你的店员。就像你希望别人把你当成好朋友，你也得把别人当成好朋友一样。这种相互间的事情只靠单方面是无法完成的，不现实的。

认可你的店员，你可以通过以下几种方法进行：

☆ 认可店员的做法。

☆ 认可店员的价值。

☆ 认可店员的地位。

☆ 认可店员的思考。

☆ 认可店员的努力。

☆ 认可店员的改变。

在店员身上，你能找到的值得你认可的地方还有很多，在此，你不妨思考一下，看看是不是也能列出一些？

____

____

____

2. 要沟通，不要不容分辩

沟通，也是赢得店员认可的一种技巧。很多店长非常善于沟通，有事没事的时候喜欢和店员一起聊天、散步、打发业余时间。尽管这样的沟通方式显得有些随意，但效果却很好。当然，正式的沟通也可以有，比如一对一的交流、三五成群地开会等，都是沟通的方式。店长和店员只有相互把内心的想法说出来，才能彼此了解，误会才能消除，才能为认可打通障碍。

沟通的方式有很多，但请记住一点：沟通，不是店长一个人说，店员们听。如果你不容分辩，店员肯定不会认可你。

情景范例　**不容分辩的霸道店长**

“赵静，你到我办公室来一趟！”店长对着店铺大厅吼了一嗓子，让刚刚还和同事有说有笑的赵静一下子胆战心惊起来，硬着头皮走进了店长办公室。

“看看你这个月的销售成绩，怎么这么差啊？你看看人家童丽，刚来两个月，业绩就飚到本月第一名。你以为我能让你拿这么多的薪水，我就不能让别人拿得比你更高？再这样下去，你这个销售冠军还能保持多久？”还没等赵静开口，坐在老板椅上的店长就一顿连珠炮般地轰炸，说完还把一叠厚厚的报表扔在赵静面前。

“店长，我……”赵静本想趁这个机会就此事与店长正面沟通。

“什么都不用说了，回去好好反省吧。我再给你一个月的机会，要是下个月你的业绩还不能提升，那我就要扣你年终奖金了。好了，你先出去吧。”店长不耐烦地摆手示意欲言又止的赵静出去。

一肚子委屈的赵静无奈地走出店长办公室，越回想店长那咄咄逼人的架势，心里就越窝火。想想自己从店铺开业到现在一直风雨无阻、任劳任怨地为店铺付出，拓展了店铺近30%的现有市场。顾客的投诉率一直保持在全店铺最低，年年被评为“优秀店员”。这个月赵静被店长分派到刚开发的新市场，客户数量不多，但与前期相比正以10%的速度增长。再加上本月由于总部发货不及时，有很多顾客临时取消订货单，销售额与成熟市场当然不能相比。而童丽是新店员，一开始被安排到原有的老市场，客源稳定，顾客关系网坚固牢靠，加上市场形势大好，自然丰收在即。赵静觉得店长只看数字，不问事实，真是太不公平了，真想辞职走人。

在沟通的时候，多给店员一点时间，让他们表达清楚内心的想法。不要害怕他们会因此找理由来搪塞你、欺骗你。相信一点：你对他们真诚，他们也会对你真诚，将心比心就好。

3. 付出爱，主动一点、多一点

你爱你的店员吗？

面对这个问题，很多店长会回答：爱，很爱。这很好，爱，也是获得认可的一条捷径。只不过有一个前提条件：爱，不能仅仅停留在口头上，关键还得有行动。逢年过节，给店员打个电话；员工忙的时候，帮忙订饭；帮助店员打扫店铺卫生；向店员说一声“你辛苦了”……这些都是表达爱的方式，请问，你做过吗？

情景范例

店长半夜抓臭虫

日本“山村红”大卖场的店长信一郎，被他的店员称为“父亲”。然而，这位“父亲”对属下店员的要求却十分严格，有时甚至到了令人难以容忍的地步。

信一郎经常亲自到卖场巡视，一旦发现纸屑、灰尘等污秽，便面若冷霜，大声喝令店员清除干净，看见工作不力的店员，就毫不客气地责骂对方，令其无地自容。

店员们都十分畏惧信一郎，只要一看到他巡视，就会发出“敌机来袭”的警告，提醒同人小心戒备。信一郎每当发现店员任何工作上的缺点，就毫不留情的破口大骂，直到他满意为止。曾有一个店员因为受不了如此严厉的责备而当场晕过去，还有个店员挨了信一郎的责骂，心情非常恶劣，便跑到桥上削苹果，以细细长长的果皮来缓和心情。由此可见，那激烈、严厉的责备，对店员心理造成了多大的震撼。

信一郎对工作要求严格，但也以奖励店员而闻名。店铺赚钱时，信一郎总是将功劳归于店员，并加发奖金给他们，奖金多得常常会让店员傻眼：“是不是发错了，怎么这么多呢？”

但更令人感动的是，信一郎私底下对店员有如慈父般呵护备至。例如，在信一郎商店开业后不久，经常听到店员抱怨：“房间内有臭虫，害得我们睡不好！”一天晚上，在店员都睡着后，信一郎悄悄地拿着电筒到房间柱子的裂缝里以及柜子间的空隙抓臭虫。店员听到声响，从睡梦中惊醒，当他们看到正在认真抓臭虫的店长时，都感动得落泪了。

正是店长这样的体贴，使店员都能耐得住严格的工作要求，这都是信一郎“视卒如爱子”的态度使然。

这位店长真够绝的，半夜亲自去抓臭虫。想想看，也正因为如此，店员才会死心塌地地跟随他，认可他，即便他的脾气有点暴躁。

有爱就要大声地说出来，大胆地表现出来。相信我，你行的！对你而言，有哪些表达爱的途径呢？

____

____

____

4. 业绩、业绩，店长也需要有业绩

作为店长，你往往一直在努力抓店员的业绩，并且通过店员的业绩来认可店员的表现。其实，店员也在使用相同的方法来考察你。如果你没有业绩、管理无效，店员也不会认可你，甚至还会找理由“弹劾”你。

这是一个竞争的世界，你不行，自然要找一个行的人来代替你。那么如何表明自己真的行呢？你的业绩体现在哪些方面呢？

☆ 店员的工作积极性提高。

☆ 店员的到岗率提高、缺岗率下降。

☆ 店铺的营业额提高。

☆ 店铺的顾客群更加稳定。

☆ 店员之间团队合作更加紧密。

☆ 店铺内部矛盾减少。

☆ 顾客对店铺好评增加。

☆ 店铺气场提升。

☆ 店铺在行业内地位提高。

☆ 店铺知名度提高。

☆ 店铺竞争获胜率提高。

☆ 店铺活动效果明显。

请问，在你的领导下，你的店铺是否也有上面这些情况的变化呢？如果没有，你该加油努力了。

第五节 获得老板的认可

店长是店铺的实际管理者，可老板才是店铺的拥有者，难免会对店长的管理提出自己的意见和看法，或者对店长制定的战略、促销方案等发表意见。这些都是可以理解的，也是能够接受的，只是有一点：老板的意见和建议并不全是正确的，店长在实际工作中该如何获得老板的认可？

请问，平常的你具体是怎么做的？

____

____

____

现在，我可以为你支个招，既能让你“反抗”老板错误的指示，又不至于让老板给你“穿小鞋”。最重要的是，因为获得老板的认可，你的管理气场会上一个台阶。到底是什么样的方法呢？很简单：把错误艺术地提出来。具体来说，有以下几种办法：

1. 以“请教”的方式把错误指出

面对老板的指示，你明知是错误的，却不好意思也无法直截了当地告诉老板“你是错的”。这个时候你可以选择一种“请教”的方式，让老板意识到自己的决定是错误的。请试试以下版本中的任何一个：

☆“老板，对您意见中的这个数据，我还有点把不准，您看是不是帮我核对一下？”

☆“老板，关于方案中的具体执行这一块，我还有点不太明白，您是否能说得再清楚点，特别是人员安排那一块，看看我们的人员安排是否过于紧凑？”

☆“在回应顾客投诉这个方面，我还是新手，具体该以什么样的方式进行，老板，您是不是再跟我演示一遍……这样说是不是会引起顾客的反感情绪？”

☆“最近我在研究一个促销方案，老板您能够帮我参考一下，以便验证一下您这个方案的可行性吗？”

☆“这个地方我觉得有些不妥，当然我还不太懂，请您指教。”

在和老板沟通的时候，你肯定也曾经使用过类似的方法。下面就请把你用过的那些方法列举出来，相信多加练习，你就能熟练应用了。

____

____

____

2. 使用委婉一些的词语

当你向老板指出错误的时候，说诸如“错误”“谬论”“不对”“肯定不行”“绝对有误”等字眼是很刺耳的，很容易引起老板的反感。这个时候，不妨换一种比较委婉的词语，或许更容易取得良好的沟通效果。

你可以使用的委婉词语有以下几个，请牢记：

☆“不妥。”

☆“没考虑到。”

☆“疏忽了。”

☆“不太清楚。”

☆“不够慎重。”

☆“有点出入。”

☆“有些疑问。”

☆“有差错。”

☆“小问题。”

☆“需要完善。”

对于这类词语，你是不是还有一些补充呢？把它们记录在下吧：

____

____

____

3. 选择私下场合和老板沟通

为什么要私下向老板指明错误，提出自己的修改意见？说到底还是面子的问题，谁都不希望自己的错误被摆在店员的面前，供人参观，招人取笑。所以，当你的老板在众目睽睽之下给你指派错误指示的时候，一定要忍住，不要当场提出来，最好选择一些私下的场合和老板取得沟通，让老板收回成命。

以下几种私下场合可以选择使用：

☆ 在办公室。

☆ 和老板单独上下班。

☆ 邮件或者电话。

☆ 咖啡馆或其他休闲场所。

第六节 店铺文化的认可

每个店铺都非常重视新店员入职前的培训，店铺文化培训就是非常重要的内容之一。一般店铺文化本身包括理念文化、制度文化、行为文化和物质文化四个方面的内容，其中最为重要，也最难的便是文化的培训。店铺通过文化知识的培训，可以使店员长期积累并得到店铺认可的价值观和行为体系，将店铺的文化传授给新进入者，使他们快速融入店铺。

1. 文化培训的主要内容

（1）店铺如何对待店员的主要思想与配套措施，如店铺如何对待店员，有哪些福利措施，为店员实现个人价值创造了哪些环境，个人在公司的发展前景，等等。

（2）突出店铺的文化愿景、战略及核心价值观。

（3）发生在店铺有名的故事与案例，让大家在一种身临其境的过程中学习店铺的文化。

（4）文化对组织发展的重要性及与店铺文化保持一致的方法与重要性。

（5）店铺店员的行为准则。

2. 文化培训的主要办法及细节

（1）突出文化的作用与文化建设的重点，让店员在第一时间就对店铺的文化有一个比较系统的认识，并树立一种必须在行动、思想上与店铺保持一致的意识。此项工作应由一个比较了解店铺发展历程、战略思想及店铺文化精髓的资深店员来完成，包括店铺的发展历程、店铺文化的核心及形成的一些行为、制度文化和有效的文化建设方法与载体。

（2）很多大中型店铺的店员上班很长时间了，都没见店长或者店铺的其他负责人，这很容易让新店员有一种疏远感，店员也不知道领导对他们的态度与思想。如果店员在进店铺的第一天就与店长等领导见面，会对店铺及店长有一种油然而生的亲切感，在第一时间树立一种为店铺服务的意识。

（3）准备一份优秀的学习性文本，最好有一份全面介绍企业各方面情况的店员手册等，让店员可以随时随地学习，对自己的思想与行为进行调整和约束。

（4）为每一个新进的店员指定一个合适的入职指导人，加强对新店员入职的指导。

（5）动态信息掌控。每隔一段时间对新入职店员进行一次互动交流，如部分店员的座谈会、问卷调查等，了解店员在融入店铺过程中所遇到的问题，进行有针对性的帮助与教育。

3. 文化培训方面的差距与不足

在时间投入方面：一般没有安排专门的时间，只是在不自觉中进行了一些相关方面的培训，未上升到一定的高度。在后期工作中，没有及时跟进，一讲了事，将店铺文化工作简单化。

在形式方面：没有制作规范的文本或讲义，只是天马行空地进行说教。同时大多数的公司都未设立专门的店铺文化工作部门，仅由某些人事或行政管理人员兼职，未对店铺文化工作进行系统的研究。

在内容方面：主要是将自己的一些口号式的观念给店员念一念，大家根本不了解这些内容对自己今后开展各项工作的重要性，也无从理解这些观念在工作中的具体体现。即使有真正的文化培训，也是局限在行为、制度的约束上，重点突出的是不准干什么，店铺文化真正的核心部分未进行重点展示。

4 第四章

威严与霸气，支撑控场力

所谓控场力，是指店长进行全场控制的能力。作为一名店长，工作性质决定了他应该是一个“全场型”、“全天候”的人，任何时候，店铺里出现的任何问题，都应该由他出面来解决，如果店长不具备优秀的控场力，经营很有可能陷入困顿、混乱之中。

那么店长控场力的支撑是什么呢？威严与霸气。威严主要是针对店员管理而言，而霸气则更多的体现在店铺事务管理与决断上。威严是气场的保障，霸气则是威严的展现。作为店长，该如何对这两个方面的素质进行修炼呢？不妨跟着我进入本章的学习。

第一节　威信，气场的保障

威信，是店长职权的一种保障，是店长气场的一种彰显，你不能没有。之所以下这样的结论，原因在于一点：如果失去威信，店铺的活动、你的管理将很难开展起来，无论是店铺的气场，还是你的气场，都将成为空话。现在，我们就来分析一下如果没有威信，将会发生什么样的情况。

1. 指挥失灵，职权名存实亡

为什么很多店长在管理店员的过程中遭遇了店员“令而不从”的尴尬？或许在你的管理过程中，也出现过类似的情况。是你的命令有误，还是你的威信不够，甚至于有的店员资格比你还老，更能领导其他店员？

很显然，出现“令而不从”的情况，一次两次可以解释为你的命令不对，可是三次四次，甚至几乎每次都有这种情况出现，结果就很明显：命令没有问题，是你的威信不够，使得命令无法被店员接受、执行。

威信，是命令获得接受和得到执行的一道保障。一旦失去这种保障，你的指挥就会失灵，陷入“瘫痪”状态，你的店长职权名存实亡，难道这就是你想要的结果吗？

情景范例　**气急败坏的店长与偷笑的店员**

周通是一个性格温和的人，因为业绩突出被老板提升为店长，管理一家手机卖场。尽管他具备当店长的资格，但却不具备管理店员的能力，因为在店员们看来，他根本就没有威信，甚至还经常遭到一些店员的捉弄。

记得有一次，周通接到老板的通知，让他负责清点一下货物，第二天把库存数目报上来，以便搞清楚下个月要进哪些货物。接完老板的电话，周通就把几名店员叫到办公室，让他们下班之后负责盘货，然后把数目报给自己。可令他没有想到的是，这些店员一听要盘货，个个都推说自己有事，然后头也不回地离开了周通的办公室，下班时间没到就离开了店铺。

无奈之下，周通一个人盘了货，一直忙到半夜才弄完。第二天，他显得有些气急败坏，然而店员却在一旁偷笑。他也无可奈何，不知道该拿他们怎么办。

2. 无决策或无效决策

店长，作为一个店铺的“首席执行官”，很多决策都需要你来做。做决策，并不只是产生一个想法、发布一个命令这么简单，最为重要的是让店员接受你的决策、执行你的决策。这一切，都需要你利用自己的职权和威信来进行。由此可以想象，如果你失去了威信，那么你做出的决策很有可能不被接受，或者无法得到执行。这就是一种无效决策，久而久之，你再也不敢做出任何决策，成了一个“无决策”的店长。无论是无决策，还是无效决策，都让你“弱气场”的情况进一步恶化。

情景范例

爱哭鼻子的店长

康妮最近当上了某美容中心的店长，对于当了几年店员的她来说，这回总算是熬到了头，可以扬眉吐气了。可没想到，她的噩梦似乎才刚刚开始。上任仅仅一个星期的时间，她就被店员气哭了。

那天是周末，中午，到美容中心消费的人多了起来，为了服务顾客，康妮临时决定，取消店员的午休时间，而且指派一个店员出去订饭，以便有更多的人手留在店铺为顾客服务。可是，她刚做出这个决策，一个店员就嚷嚷了起来：“有没有搞错，康店长，你还让不让人活了？休息取消也就算了，连饭都不让人吃了？”说完，放下正在接受SPA疗养的顾客不管，一个人出去吃饭了。气得康妮只想跳脚，却不知道该怎么办。其他的店员看到康妮这么好欺负，也纷纷放下手中的活，吃饭去了。店里只留下康妮一个人。被晾在一旁的顾客很快不干了，要求康妮解决这件事情，否则就退钱。被两头一逼，康妮委屈的泪水流了出来。

后来，又发生几次店员抵抗康妮决策的事情，每次康妮都忍不住委屈的泪水。渐渐地，康妮再也不敢做出任何决策了，她只求自己平安无事。半年之后，康妮就被老板炒了鱿鱼。

从店铺的角度来说康妮的决策并没有错，如果店员能够接受并执行她的决策，对提高店铺的业绩是非常有帮助的。遗憾的是，她没有足够的威信，所以她所做出的决策是无效的，最终变成了“无决策”的一个人。让店员接受、执行自己的决策并不是一件轻松的事情，需要店长职权和威信双管齐下，否则很容易出现和康妮一样的情况。

3. 管理陷入被动

“被动式”管理也是很多店长在日常店铺管理中遭遇的“模式”，在整个管理过程中，店长没有主动权。这种被动式管理可能存在以下几种情况：

☆ 听从某个经验丰富的店员或资格比他老的店员。

☆ 听从老板或者老板安插在店里的亲戚。

☆ 听从大多数店员的意见。

☆ 依赖“群体表决”来进行管理。

☆ 听信自己“宠幸”的几个店员。

☆ 被小人利用而做出“非己”的决策。

☆ 被目光短浅的店员所左右。

毫无疑问，如果你的管理陷入被动，将很难树立自己的威信。反过来，你越是没有威信，就越容易陷入被动。这是一个恶性循环，一旦陷入其中，很难自拔，甚至你根本没有意识到自己已经处在“被动管理”的模式中。

现在，请你根据自己管理的具体情况，衡量一下你是不是已经身处“被动式”管理的恶性循环之中。

4. 无法驾驭能力比自己强的店员

我们常说衡量一个领导是否成功，很重要的一个标准就是能否驾驭能力比自己好的下属。那么这一点是如何做到的呢？可能是经验也可能是资格，而无论是经验还是资格，都是一种威信。说到底，要想驾驭能力比自己好的店员，没有威信是万万不行的。

情景范例　　**到底谁才是店长？**

尼克刚来店铺当店长的时候，就遇到了一个非常棘手的问题：店里有一个经验十分丰富的店员，因为工作不是特别积极，所以一直没有被老板提拔为店长。现在，尼克从天而降，和这个店员之间的关系一开始就显得很紧张。最重要的是，尼克在经营方面经验不足，很多时候会犯一些比较幼稚的错误，被这名店员当众取笑。

记得有一次，尼克和老板商量之后要实行“会员大派送”的促销方案，但这名店员却认为这样做不会有很大的效果，他更看重的是“免费发放会员资格”的促销方案，这样可以获得更多人的关顾。在尼克安排店员执行自己的促销方案时，那名店员竟然带头反对，而且联合一些店员开始执行他自己的那套促销方案。

这时，尼克不禁有些懵了：到底谁才是店长？

店长无法驾驭能力比自己好的店员，很容易让店铺的管理陷入混乱。显然，这不是你想要看到的结果。所以，你更需要深刻理解其中的内容，彻底提高自己的威信。现在，你准备怎么做呢？

____

____

____

第二节 威信不等于粗鲁的训斥

“发什么呆啊，你的脑袋里装的难道是糨糊吗！”

“你瞎了眼吗，这么简单的事情都处理不好！”

“我真怀疑你的智力，比弱智还差，我都替你脸红！”

在某些店铺中，诸如此类的训话经常传到店员的耳朵里。试想挨训的店员心情是什么样子呢？这种尖酸刻薄的话本不应该出自店长之口，但是在现实的店铺管理中，一些店长简单地以为多多教训店员，就能树立自己的威信，就能做好管理工作。现在，我要郑重地告诉你：威信，远大于板着面孔教训人。如果你把这两者等同起来，很显然，你的管理是失败的。你不仅无法提高自己的威信，而且也无法提升自己的气场。你，就是一个弱气场的店长。

情景范例 **侮辱让店员选择轻生**

在店铺的管理过程中，曾经发生过这样一件事情：在人头攒动的卖场里，一名店员不小心撞了顾客一下。尽管他已经向顾客道歉，而且顾客也不愿意再追究这件事情了，但店长为了惩罚这名犯错的店员，竟让他反穿女店员的红色工作服在卖场里巡走“展示”。这名店员因为无法忍受这样的侮辱，从店铺三楼窗户跳下，结束了年轻的生命。

在管理工作中，对人的管理是最为重要的。管理得当，店员们就会有冲天的干劲，就会形成高效的团队，为店铺带来更大的效益；相反，管理不得当，则人心涣散，店铺就形同散沙，效率明显降低，从而阻碍发展。

有的店长对待店员的态度和做法显得简单而粗暴，比如无缘无故对店员发脾气，用蛮横的态度或无礼的语言甚至是带有污辱性的话语对待店员。对此店员是无法承受的，久而久之，产生积怨。

粗暴管理可分为语言粗暴和行为粗暴两种。其中，更为突出的表现是语言粗暴管理，即店长在不考虑店员承受能力，不分场合、不分事情大小的情况下，用刻薄的语言来训斥店员。这会使店员产生抵触、怨恨等不良情绪，极大地降低工作热情。

而粗暴的行为管理则具体表现为对店员肢体的伤害和随意克扣店员的工资、福利等，这种管理方式在店铺中较为少见，但偶尔也会发生，它将会给店员带来更大的伤害。

板着面孔教训店员，这样的店长为什么说是没有威信、气场的呢？我们可以来了解一下：

1. 侵犯了店员的个人权益

很明显，案例中店长的做法，已经严重侵犯了店员的名誉权、形象权和隐私权，是一种严重的侵权管理，这是店长漠视店员权益、漠视法律神圣性思想的折射。要想改变这种情况，最为重要的就是努力提高店长自身素质。管理层素质的提高是保证粗暴管理减少的重要因素。因为易怒和冲动是造成粗暴管理的根源，只有个人素质得到提高，自我控制的能力才会大大增强，粗暴管理的概率才会大大降低。店铺可以通过管理培训、会议总结、制度惩罚等手段来达到这个目的。

2. 破坏了店铺的管理文化

管理是一种文化，“管”是规范，“理”是疏导。如案例中那位店长的管理，已经彻底背离了管理文化的灵魂，是对管理文化的严重破坏。作为店长的你必须时刻牢记一点：店员是店铺的一员，也是店铺的主人翁，并不是可以随意打骂的仆人。如果你无法做到尊重店员、尊重店铺的管理文化，那么店员也将不会尊重你，不会尊重你的威信。

3. 亵渎了店铺形象

管理是店铺打造自身形象的重要途径，如此管理，只会使店铺的形象降低，因为这种管理塑造的是店铺的蛮横、粗野、愚蠢和侵权，店长想让店员难看，实际上是让店铺形象难看。其实要想改变这种情况也很简单，采用监督与举报系统，对店长自身行为进行有效的管理。店长是与基层店员最接近的群体，如果对他们疏于管理，会直接影响到店员的工作情绪。

4. 污染了顾客眼睛

现在的社会是文明的社会、和谐的社会，而有些店长却偏要制造一些不和谐、不文明的事情，这是对顾客眼睛的污染，对社会文明的污染。如果店长经常当着顾客的面教训自己的店员，很容易给顾客留下不好的印象，从而减少顾客的进店率。

店员犯错，应当教育，应当批评，应当按照制度处罚，但仅仅凭借主观意志进行的丑陋处罚实在是错误的粗暴管理，最终的结果只会是得不偿失。

究其原因，产生粗暴管理的根源完全在于店长的心态。其中，有的店长可能是天生就脾气粗暴，还有的人一直很随和，但由于自己家庭或其他方面的麻烦而变得粗暴起来。因此，要彻底消灭这种粗暴的管理方式，就必须从店长身上下手了。

店长要想提升自己的威信，应该戒除责骂、惩罚等急功近利的方式，从长远的角度切入，提高自身的管理素质，为店员着想，帮助店员改正错误。欲速则不达，对于提升自己的威信和气场，只有这样才是正确的、有效的。

第三节　霸气，来源于底气

要想修炼你的霸气，首先需要什么？换句话说修炼霸气的基础是什么？是你的底气和你的自信。如果作为店长的你在管理店铺的过程中没有足够的信心，将很难获得成功。霸气，是一种自信的升华。

在你的理解中，自信又是什么样子的呢？你所理解的底气都包括哪些内容呢？看到这里，你不妨先停下来，好好思考，看看你的理解和真正意义上的底气是不是有一些差距。

____

____

____

好了，相信你已经把自己理解中的底气罗列出来了，现在我们就来了解能够提升你气场的底气到底是什么样子的。

1. 自信的心态

店长自然会面对挑战性目标，面对激烈的竞争，压力是最大的。然而也正是这种压力，推动了门店的经营发展。作为店长，无论遇到什么困难和压力都不能在店员面前抱怨，因为自己的情绪会感染给门店全体店员。当店长满腹牢骚时，店员已经有了完不成目标的借口。店长只有保持自信乐观的精神，才能正面影响和感染店员，从而让自己的工作变得更有底气。主要表现在以下两点：

第一，自信的心态是店长成功的“血液”，而成功则是底气的基础。成功的次数多了，底气自然也就足了。自信的心态会使人充满热忱，满腔的热忱又会使人的心态更自信，敢于向困难挑战。店长在成功的路上难免遇到麻烦，只有具备自信的心态，才能主动寻找解决问题的方法，而不是自怨自艾，听天由命。自信的心态还会使人在极端困苦和危急的状态下，更加充满必胜信心，而不是放弃。成功的各种因素，必须和自信的心态结合起来，否则，就不会有足够的功力。自信的心态是领导者成功的法宝，所有的成功因素都必须以自信的心态为基础。

第二，自信的心态能吸引自信的店员，让他们更喜欢你。毫无疑问，获得店员支持、喜欢的店长，底气往往是很足的。如果你是一个自信乐观的人，你自然会产生一种磁场，吸引同样自信乐观的人，为自己创造好的境遇，使他们支持你和你的目标。相反，如果你是一个负面悲观的人，你就会产生排斥磁场，把身边自信乐观的人都赶走，而吸引一些同样悲观的人，将自己陷于不利的环境中。

自信的心态具有感染力，能够传递给店员。俗话说：近墨者黑，近朱者赤。

如果店长是一个自信乐观的人，那么共事的店员一定也会受到暗示，变得自信起来。毫无疑问，这样的店长必定是有底气的。

2. 顾客的认可

店长的工作有很大一部分是面对顾客的，回答顾客的疑问、解决顾客的问题。如果作为店长的你能够获得顾客的认可，同样可以帮助你提升自己的底气和气场，让你成为一个有霸气的店长。这里的霸气，是以顾客的认可为基础、为跳板的。顾客的认可和支持给了你“独霸店铺”的资本。

当然，要想获得顾客的认可并不是那么容易的。如果你认为自己在这方面做得还不够的话，可以从以下几点入手，提升自我：

☆ 明白顾客到底想要什么。

☆ 理解顾客的难处，切实帮助他们解决问题。

☆ 面对他们的投诉，要善于道歉，获得理解。

☆ 契合顾客的情绪，不要想着和顾客对着干。

☆ 善于吃小亏，让顾客占便宜。

☆ 懂得赞美顾客、引导顾客理解自己的工作。

要想获得顾客的认可，具体可以着手的地方还有很多，总之一个原则：多为顾客着想一点，尽量满足顾客的需求。这样做不仅对店铺有利，而且对你自身也是有利的。

现在，你可以按照这个思路，再想想还有哪些工作可以帮助自己提高顾客认可度的？

____

____

____

3. 令人羡慕的业绩

尽管店铺的业绩不是店长一个人的功劳，可是如果在你的任内店铺业绩有了大幅度的提升，无论是店员，还是老板，甚至是你的竞争对手，都会认可你的工作，从而肯定你的领导能力，毫无疑问你的底气就会变得很足。这也是很多店长上任伊始就把工作重心放在提升业绩上的原因之一。业绩，是店长工作好坏最直接的体现。

情景范例 **业绩不是吹出来的**

刘店长刚被总部调到这个分店没有多少时间，店员们对他的能力还很怀疑。毕竟这个店铺在过去的一年时间里，销售业绩非常不好，士气低落。最为重要的是，因为业绩不好，前任店长已经无法领导这个店铺了，无论是他做出的决策，还是发出的指令，店员都不愿意执行。

刘店长刚来的时候，也曾经遇到过类似的情况，不过他很快为自己找到了撑腰的：过去一年时间的业绩报表。从报表中可以看出，在整个连锁门店之中，刘店长的业绩是数一数二的。在这个业绩代表能力的时代，又有谁不愿意服从“能人”的指派呢？正如店员所说：业绩可不是能够吹出来的，它代表的是一种能力，一种资格。很快，刘店长就完全控制了这个店铺，店铺经营开始有声有色起来。

现在，请你思考一个问题：如果你新到一个店铺工作，而且你没有足够的业绩来让店员信服你，你该怎么办？请把你的答案写在下面的空格中：

____

____

____

4. 获得老板的支持

店长是否有底气管理好一个店铺，和是否获得老板的支持有很大的关系。无论你的心态是不是自信、顾客是不是认可、业绩是不是很高，如果老板不支持你的工作，你依然没有底气面对自己的店员和工作。老板，是店铺的真正拥有者，也是整个店铺事务的最终决策者。店长所做的一切，事实上都是在老板的应允下进行的。如果老板不对你点头，你又怎么能擅自行动呢？

请原谅我把事情说得这么悲观，因为事实本身就是如此。很多店长，之所以觉得自己在管理店铺的过程当中没有底气，原因就在于一点：老板不支持自己，或者不明确支持自己。没有老板的支持或者失去老板的支持，犹如悬崖上走钢丝，一步不慎，满盘皆输。

由此你可以明白：要想让自己更有底气做好店长这份工作，必要的时候可以让老板为自己撑腰。

那么该如何做才能获得老板的支持，让老板为自己撑腰呢？有以下几点技巧：

☆ 让老板知晓事情的利害关系。

☆ 把请示的结果和店铺的经营联系在一起。

☆ 站在店铺、老板的角度来考虑问题。

☆ 给老板必要的证据，让他相信你所说的话。

第四节　必要的强硬手腕

霸气，需要内外兼修。如果说底气是一种“内功”，强硬的管理手腕则是一种“外修”。换句话说，店长要想让自己身上拥有霸气，除了要修炼底气之外，在必要的时候，可以使用强硬的手腕为自己树立威望，让店员知道你不是好惹的，你才是这个店铺真正的管理者。

有人也许会说，作为店铺管理者，应尽量团结下属、与人为善。这话不错，善本是人之美德，但是当这种善演化成“妇人之仁”时，就要注意了。因为“妇人之仁”放在合适的位置可以发挥很大的感化力量，但对店长来说，过多的“妇人之仁”有时会成为工作上的负担，甚至是致命弱点。

因为“妇人之仁”容易动摇意志与理性，因此常常在放弃自己的原则、立场之后，伤害了自己。譬如当你必须对一个失职者严厉惩罚时，却在他哀求之后没有给他任何的处分，结果也许并不会像你期待的那样，这位失职者在同一个地方还会再一次摔跤，而你也会在同样的情况下再一次遭受损失。

此外，“妇人之仁”还会成为你的弱点，成为人人想利用的目标，在眼泪、温情、请求之下，你将成为最大的受害者。

“妇人之仁”会使你对周围的人与事是非不分，你的“仁”反而成为工作上、前途上的绊脚石。

所以，“妇人之仁”是要不得的，除非你想成为一个失败的管理者。这就要求那些天性软弱的店长要注意训练自己的思考与判断，不要受感情牵动，而用理性的智慧来指引行为，让自己变得越来越果断。

在激烈的商场竞争中，心慈手软的店长是成不了大事的。店长必须该硬则硬，当断则断。这是成为一个合格店长的必要条件。

第五节　霸气，要以爱为本

店长的霸气，可能给你的感觉就是控制、征服，让下属无条件地服从。如果你是这么理解的，那么你已经进入了霸气修炼的一个误区。

那么霸气的本质是什么呢？换句话说，如何做，你的霸气才会变得长久，才具备内涵呢？在此，你可以先思考一下，看看是不是能够得出自己的答案：

____

____

____

好了，我想你已经写出了自己的答案。霸气，不是为了征服某个人，而是为了爱某个人、爱某件事情。作为店长，这个人可以是你的店员，也可以是你的顾客，这件事情可以是你的店铺、你的事业。

是不是对这个理论觉得很不可思议呢？没关系，我给你解释一下，或许你就明白了其中的奥妙所在。

1. 爱店员，别让店员浪费青春

很多店员尽管已经进入店铺营销的行列，可是他们根本意识不到，或者不认为这条路有什么前途，经常处在一种“当一天和尚撞一天钟”的状态之中，工作不积极、没有事业心……以这样的状态工作，不仅对店铺不好，对店员本身影响也是很大的。这个时候，作为店长的你，如果能够表现得“霸气”一点，规定店员必须努力工作，否则就走人，表面上看是有些残忍，但实际上是为了店员好，这是一种爱。就像父母爱孩子而逼着孩子去成功一样，这样的爱霸气而又浓烈。

情景范例　　**适应就留，不适应就走**

30岁那年，Slina成了一家便利店的店长，把她算上也仅有六个人。虽然店不大，人不多，问题却很严重。刚刚上任的Slina很快发现：店里的店员很懒惰，来货了都不动，急性子的她一看就傻了眼，这和她想象中的差别太大。

Slina手腕很硬，上任不久，就跟大家明确了她的管理风格，合适就留，不合适可以走。她最看不惯的就是员工的萎靡不振，每次都是一通整改。有一次接手新店，见员工不积极，她亲自拎着刀在肉摊卖了一天肉，让员工们大为惊奇。

Slina认为，做店长绝对不能软。为了做好这个店长，她不怕得罪人，不好的人她会坚决剔除。当有人递交辞呈时，她也会很痛快地签字，“不能跟我配合的，不见得跟别人也配合不好，只是我们风格不同”。

做店长这几年，Slina已经走过很多门店。每到一个新店前，她都会提前去店里转转，观察店面和员工的状态，以便接手后更好地开展工作。她不会只关注于表面，为了了解当店长不在时店员什么样儿，她还会让自己家人去店里用手机偷偷录下店员真实的工作状态。

Slina说，这些都出于对员工的爱，她不希望看着自己的员工就这样白白浪费自己的青春，特别是对于90后的很多店员来说，更是如此。她认为作为一个店铺的店长，是这些店员的大姐、前辈，眼睁睁看着他们浪费青春是一件很不负责任的事情。尽管刚开始店员们都觉得不适应，可是慢慢的，他们都能理解她的一片苦心，开始自觉接受她的管束了。

霸气，就是这样火辣辣的爱，请问，你对你的店员做到这一点了吗？如果没有，现在就可以好好思考一下，你该如何做。

2. 爱店铺，以感恩心态进行回馈

店铺，归老板所有，是老板的财产。这是很多店长内心的想法，其实这些店长没有意识到一点：店铺是自己成功的平台，它给了自己展示的舞台，也给了自己成就事业的机会。面对店铺，店长不应该以事不关己的心态来面对，而应该懂得感恩，懂得回馈。拥有“只要自己在任一天，就当一天家”的霸气，真心诚意地把工作做好、做到位。

情景范例

实行两个“绝对”

王冠是某大型蔬菜超市新任的店长，为了能够把工作做好，他付出了巨大的心血，每次来货，总是身先士卒，每次遇到问题，总是一马当先去解决。

刚上任的时候，他还不熟悉蔬菜的整个业务流程，却要跟对面的竞争对手打价格战。每天没开店前，王冠就派人着便装去竞争对手门口等着抄价，所以他总能快人一步，在价格上做到比对方低。渐渐的，他开始得到老板的认可。

王冠说，店长有两种，一种是开店的，一种是守店的。他属于开店的那种，这跟强硬的性格有很大关系，所以，他被派去改造店面。有家门店，店长手腕“软”，店员虽然知道店长不错，但由于缺乏管理，精神都很涣散，王冠颇为震惊。他整整在店里驻守了一个月，用自己的方式改造着那里的店员：店员当天的活没干完，绝对不能走；如果收了货而单子没完成，绝对不能拖到第二个班。两个“绝对”的实行，使店员的精神面貌改善了好多。

刚开始的时候，这家蔬菜超市丢货严重，每次开会都超标，防损课长很是头疼，尽管他已经尽自己最大的努力在工作，但效果还是没有提升。王冠到任之后决心大力整治，他把办公室安在了卖场里，以便能每时每刻观察到店员的状态。通过一段时间的观察，王冠发现很多问题，比如，店员乱打秤，尤其是有亲戚或熟人过来更是严重；很多盒装商品只剩下了空盒，还被摆放得整整齐齐，店员理货的时候只看包装盒子在不在，而不是去查看里面是不是还有东西；甚至他还发现，很多店员参与了内盗。

王冠决定从内盗特别严重的一个店员入手，以儆效尤。但这个店员根本不怕，凭借自己的老资格找供货商过来闹，甚至通过老板给王冠压力，让他放手。王冠不吃他这套。这名店员一看不行，就想甩手走人，王冠态度很鲜明，“你即便不干了，也要赔偿”。最终，他制服了这个店员。其他店员一看店长动了真格，顿时老实了许多。

如果要问王冠为什么要这么做，他常说的一句话就是：“这是我的店铺，我有责任和义务管理好。我之所以这么卖命，完全是出于对店铺的感激之情，是店铺给了我一个施展才华的机会，我会用最大的力气去做好一个店长，我不怕任何问题。”

请问，你在工作的时候、解决问题的时候，是否能做到这一点？

3. 爱顾客，别让他们花冤枉钱

在很多店长的心目中，销售的本质就是赚取利润，而店长的本职工作就是将利润最大化。这样的想法并没有什么错，只是很多店长走入了一个误区：急功近利，追求眼前利益，忽视了长远的发展，以至于顾客到这个店铺消费了一次，就不想再来第二次。

店长常见的做法有以下几种：

☆ 贪顾客小便宜，故意抬高价格。

☆ 以“规定”为由，拒绝履行应该履行的职责。

☆ 设置层层关卡，减少退换货量。

☆ 盲目推销，把不适合顾客的产品推销出去，并以此为荣。

☆ 不注重回头客，只做“一次生意”。

☆ 缺斤少两，做些损害顾客利益的事情。

类似的情况还有很多，在此就不一一列举了。不过，在这几种方法中，尤其以“盲目推销，把不适合顾客的产品推销出去”为最。在这些人看来，这是最为合法、最“有利可图”的做法。

很显然，一旦顾客购买了并不适合自己的商品，就等于花了冤枉钱。顾客一次花了冤枉钱，下次还会这么做吗？他们还会让自己周围的人到你的店铺消费吗？显然不会。对于店铺来说，这就是一个损失，而且是巨大的、长远的损失。相反，如果你没有这么做，在推销商品的时候，真正是为顾客考虑，那么顾客又会怎么想、又会怎么做呢？

情景范例　不把不合适的商品卖给顾客，这是规定

在店长林江的百货商店里，有一个特殊的规定：不准出售、推销不适合顾客的商品。而且为了提醒广大店员遵守这个规定，店长林江还把这句话做成条幅，挂在自己店铺的门口。这样一来，不仅提醒了店员，而且也取得了顾客的信任。

有一次，一个顾客前来购买电视机，可是促销员小李在了解了顾客的现实情况后，没有出售电视机，而是给顾客推荐了一个电视盒。林江听说后，不但没有责怪小李少为店铺赚了钱，反而对他进行当面表扬。因为他也觉得

电视盒更适合那位顾客。事实证明，小李的做法是正确的，这位顾客后来成了林江的常客。

尽管这家百货商店在林江任店长之前，信誉力并不是很高，但是现在，它却成了远近闻名的“为顾客着想的店铺标兵”。

真正为顾客着想，不让顾客花一分冤枉钱，这就是真正有魅力的霸气、能够获得支持和认可的店长气场。我想通过这个案例，你会有所收获。不妨趁热打铁，把你的感想写在下面的空格中：

____

____

____

4. 爱事业，这是自己一生的追求

做店长到底是为老板打工，还是在成就自己的一番事业？

面对这个问题，如果你选择前者，很遗憾，你的认识还存在偏差。因为你没有办法把店长当成自己的事业去对待，你也无法真正像成就自己的事业那样做好自己的本职工作。相反，如果你能把它当成自己的事业去成就，一切都能获得改变。心态正，则行动正。

情景范例　　**这是我的事业，我爱这份工作**

名泉是附近闻名的店长，他之所以这么闻名，不是他有多么突出的能力，而是他积极的工作心态。无论他在不在店铺内，店员都会按照“店长在”的要求来完成自己的工作。他们之所以这么自觉，完全是被他的事业心所感染。

记得有一次，凌晨两点钟下起了雨，睡在床上的他突然记起一件事情：店铺门口的雨棚没有拉下来，如果雨太大，很容易渗进店铺，损坏商品。想到这里，名泉二话不说，起床就直奔店铺而去。因为骑车太快，他竟然连人带车掉进路边的排水沟。他顾不上全身的疼痛，拉起车继续往前走。

等他把这一切事情都做好的时候，已经凌晨五点了，还有一个半小时就到开店时间了。他没有回家，而是全身湿透地守在店铺门口，直到店员上班。

很多人问他为什么要这么卖命地工作，他笑了笑说：“这是我的事业，我喜欢这份工作，我一定会实现自己的追求。”

5 第五章

决断力，为店长气场加分

店铺经营和企业经营一样，面对的是复杂多变的市场形势，作为一店之长，如果你无法在这种市场形势下快速做出决断，很容易导致店铺的经营出现障碍，利润难以保证。更重要的是，假如你做出的决断不够及时，或者是错误的，你的店员会认定你是一个“没本事”的店长，你的气场会受到影响。面临问题，需要你快速、有效、正确地决断，请记住：大家都在看着你。

能够做出好的决断，是店长的一种能力。在实际的工作中，你已经意识到这种能力对自己和店铺的重要性，可事实上，你却并不具备这种能力。怎么办？方法只有一个：从现在开始，好好学习决断方面的知识，并加以实践。

你准备好了吗？

第一节　决断，一个完整的系统

说到决断，我们不得不提及一个人，他是管理界的名人，被人称为“世纪经理人”。没错，这个人就是杰克·韦尔奇，通用电气前首席执行官，管理成效显著，论断精辟，为各个管理层的人所认可。

那么韦尔奇在决断上有什么独到的见解呢？他提出一点：决断，绝不仅仅在于一个结果，而是一个完整的程序、完整的系统。具体来说，要想做到这一点，就不能少了下面这些步骤：

1. 详细、周密的调查

我们都知道，要想做出正确、有效的决断，必须建立在对实际情况、市场信息的了解上。那么请问，实际情况和市场信息你是如何了解的？这些现实的情况你是通过什么样的渠道获得的？

在这里，先不要着急往下看，好好回想一下，每一次你做决断之前，你的依据是什么，这些依据你是通过什么样的渠道获得的，把它们写在下面的空格中：

____

____

____

当你写出你获取信息的渠道时，或许你已经意识到了一点：这些渠道很有可能无法真正给你提供正确的信息。换句话说，要想获得正确的信息，你还得靠老办法：详细、周密的调查。正如人们常说的，没有调查就没有发言权，在这里我们可以适当改变一种说法：没有调查就没有决断。

情景范例　**肯德基打入中国市场**

美国肯德基炸鸡成功打入中国市场，很重要的一条就在于它对中国市场进行了充分的调查。通过调查，广泛收集信息，在此基础上，进行了科学的决策。起初，肯德基公司派了一位执行店长来北京考察中国市场，他来到北京街头，看到川流不息的车辆、熙熙攘攘的人群，非常兴奋地向总部汇报说：中国的市场潜力很大。

当总部向他询问具体的数据资料时，他却张口结舌，说不上来了，结果被总公司以不称职而降职。紧接着公司又派出一位执行店长来考察。这位店长没有走马观花，而是实实在在地做了几件事情，精心地进行调查和实测。

首先，这位店长在北京的几条街道上，用秒表测出人流量，大致估算出每日每条不同街道上的客流量。他还利用暑期，临时招聘了一些经济专业的大学生做兼职，派出这些临时职员，在北京设置品尝点，请不同年龄、不同职业的人免费品尝肯德基炸鸡，尤其是在北海公园这座皇家园林，利用风景秀丽、游人众多的特点，广泛征求各种意见。他们详细询问品尝者对炸鸡味道、价格、店堂设计方面的意见。

不仅如此，这位店长还对北京鸡源、油、盐、茶及饲料行业进行了调查，并将样品数据带回美国，逐一做化学分析，最后经电脑汇总得出肯德基打入北京市场会有巨大竞争力的结论。

1987 年，美国肯德基炸鸡公司在北京前门正式开业，他们靠着鲜嫩香酥的炸鸡、一尘不染的餐具、美国乡村风格的整洁店容，加上悦耳动听的钢琴曲，赢得了来往客人的声声赞许。

肯德基炸鸡店开张不到 300 天，盈利就高达 250 万元，原计划 5 年才能收回的投资，不到 2 年就收回了。这一切在很大程度上靠的是肯德基最初通过设置品尝点、征询众人意见等方式所做的深入细致的市场调查。

肯德基的成功说明准确全面的市场调查是任何一家企业想要成功所不得不重视的。企业的经营决策正确与否，关系到企业的兴衰存亡。而认识到市场调查的重要性，认识到科学的市场调查是企业决策的好帮手，真正重视市场调查，则是企业制定正确经营决策的前提。

那么什么样的调查算是详细、周密的呢？有以下几个标准需要符合：

☆ 有清晰的调查目的。

☆ 有明确的调查群体。

☆ 有详细的调查方案以及后备方案。

☆ 有详细的调查表格及准确的数据。

☆ 调查的区域要广泛、有代表性。

☆ 调查具有时效性。

如果每次进行调查之前，你都能够按照上面的这几点来执行，相信你的调查是有效的、数据是真实的；否则你的调查很有可能是白费工夫，并且误导你的决断。

2. 外在和内在的权衡

在做出决断之前，除了要获得必要的信息之外，还应该根据这些信息进行权衡。主要表现为两方面的权衡，即外在的权衡和内在的权衡。如果你对此还不太了解，我们就来了解一下：

◎外在的权衡

所谓外在的权衡是指要综合考虑外在的信息，并且考虑自己一旦做出决断，外界会有怎样的反应，会给自己的店铺带来什么样的连锁效应。举个很简单的例子，你想要做出一个促销的决断，外界会有什么样的反应，这些反应会给店铺带来什么样的影响。比如顾客的反响、对手的反响、同行的反响、供货商的反响等，这些因素你都需要综合权衡，不能盲目。

对于你的店铺来说，外在权衡的内容有哪些？

____

____

____

◎内在的权衡

所谓内在的权衡是指要综合考虑店铺内在的反应，并且据此对即将做出的决断进行适当的修改。同样举个例子，如果你想要给店员加工资或者发奖金，那么你就应该考虑店员会有什么样的反应，并且接下来会有什么样的举动，如果下个月没有加工资或者奖金店员又会有什么样的反应，等等。

决断，不是一个单独的结果，而是一种会产生连锁反应的决定。做出决断之前，应该综合考虑。

对于你的店铺来说，内在的权衡内容有哪些？

____

____

____

3. 快速而有效的决断

当你做好前面两步工作之后，接下来要做的就是单纯地给出一个结果。不要小看“给出一个结果”这件事情，很多店长做得并不是很好，主要体现在以下几个方面：

☆ 拖拉、犹豫不决。

☆ 在决断前一刻临时变卦。

☆ 主观臆断胜过事实依据。

☆ 决断之后反悔。

☆ 受到他人影响，改变决断结果。

请问你的决断是否出现过以上这些情况当中的一种或者几种呢？如果有，你准备如何解决？

____

____

____

4. 到位的执行

很多店长在做决断的时候，都进入了一个认识上的误区：给出结果之后，决断就算完成了。是不是如此呢？显然不是。在你做出决断之后，还需要做一件非常重要的事情：到位的执行。

这里的执行可能并不需要你亲自动手，甚至不需要你发布执行的命令，店员就会主动去做。你所需要做的就是给予关注，并且时刻根据执行的情况对自己的决断进行适当的修改。为什么要这么做？因为你所做出的决断很有可能在执行的时候出现问题，如果这些问题没有解决，执行很难到位，甚至还会失败。

检测你的执行是否到位，是决断的后续行动，更是对决断的一种保障。这个步骤千万不能少，否则决断的程序就无法完整，你的决断也很难真正准确、有效。

第二节　全脑思维决定有效决断

通过第一节的阐述，你已经明白了一点：决断，没有想象中的那么简单，特别是做出一个有效的决断，更是如此。不仅需要重复上面提到的四步工作，而且还要附加一条：利用全脑思维进行思考。

全脑思维，对于你来说可能是一个全新的概念，其实这个概念并不新，很多时候在生活中会使用这种思维方式做出自己的决断，只是在面临店铺工作的时候，忘记了这种思维，单纯地使用感性或者理性的思维思考。结果如何呢？你应该比谁都清楚。

1. 理性思维

理性思维是一种有明确的思维方向，有充分的思维依据，能对事物或问题进行观察、比较、分析、综合、抽象与概括的思维。说得简单些，理性思维就是一种建立在证据和逻辑推理基础上的思维方式。

这是很多人都知道的理性思维的定义。了解定义并不等于知道如何把握自己思维，让自己变得理性。或许下面的方法能够帮助你：

☆ 寻找事情真相。

☆ 看待问题不能“一刀切”。

☆ 强烈的目标、方向感。

☆ 弄清事情的意义所在。

☆ 看到事情背后的发展方向和规律。

☆ 看重事实、证据。

方法你已经知道了，现在就看你如何具体执行了。在觉得自己可能理性思维不足的时候，你该如何利用上面的方法来帮助自己呢？把你的方案写在下面吧：

____

____

____

2. 感性思维

感性思维，说到底，绝大部分是“感情用事”。这种思维是不是正确呢?要分情况而言。在需要照顾他人感情、情绪的时候，感性思维往往是正确的，而在需要你冷静思考、拒绝冲动的时候，感性思维最好不要出现。

要控制好这一点真的很难，不过，如果能够做到这一点，对于你气场的提升是非常有帮助的。不信？看看下面这个案例。

情景范例 **放弃利润照顾店员**

2011 年日本的大地震让很多人失去了家园，特别是受到福岛核电站核泄漏的影响，有很多的人有家不能回。在很长一段时间里，震区都呈现出一幅颓靡的景象。可是，在离福岛核电站 30 公里远的地方，有一个店铺，却在大地震之后很短的时间里露出了勃勃生机，销售利润也最早出现大幅提升。

这家店铺是怎么做到的呢？这一切都要归功于该店的店长。

在地震之后，店长开始深入店员家庭了解情况。这一看不要紧，店长吓了一大跳：他的店员们不仅要节衣缩食，更严重的是许多人家因地震的影响，家财失却一空，就连平时煮饭用的锅、熬汤用的罐也是残缺不全。

看到这样的情景，店长潸然泪下。回去后，店长就和老板商量，先把店铺中的商品拿出来，供给店员，让店员恢复正常的生活。店铺老板了解到事情经过之后，很快答应了。于是，店长当即下定决心，把店铺的资源发放给店员，然后才把剩下的商品拿出来销售。

也正是店长的真诚举动感动了员工，将他们在地震中涣散了的精神重新凝聚起来，该店铺在日本众多店铺还未恢复元气之时，首先露出了勃勃生机。

地震过后，所有的生活用品价格都飞涨，这是很多店铺赢利的大好时机。从店长以及店铺的角度来说，看住利润是一种理性思维，不过这种理性思维并不迎合店员的情绪。相反，把生活用品发放给店员的感性思维更加有效，在解除了店员生活上的隐忧、满足了其感情需要的同时，也提高了店员的工作积极性，同样能够为店铺赢得利润，更重要是赢得了店员的忠诚，彰显了店长的气场。

3. 外脑思维

要想做到有效决断，除了要利用好理性、感性思维之外，还要懂得利用外脑思维和内脑思维。

外脑思维，顾名思义，指别人的思维。外脑思维人，就是给店长出主意的人，不管是店铺内部还是外部，不管是行内的还是行外的，都可以算是这种思维中的一个部分。对于店铺来说，可以是以下几种：

☆ 店员的思维。

☆ 竞争对手的思维。

☆ 顾客的思维。

☆ 店铺无关人员的思维。

☆ 非同行人员的思维。

情景范例

山姆·沃尔顿视察来了

“你在想些什么？”“你最关心什么？”“我们店铺还有什么地方需要改进的？”“如果你是我，你会做出什么样的决断？”……这是山姆·沃尔顿视察一些本公司商店时经常对员工进行的询问。沃尔顿经常与公司基层员工沟通，通过同员工们聊天，了解他们的困难和需要。更重要的是，通过和这些员工的沟通，山姆·沃尔顿能够很快知道自己做出的决断是不是正确，以及下一次再进行决断的时候应该更加注意哪些方面的内容，等等。

沃尔玛公司的一位职员回忆说：“我们盼望董事长来商店参观时的感觉，就像等待一位伟大的运动员、电影明星或政府首脑一样。但他一走进商店，我们原先那种敬畏的心情立即就被一种亲密感受所取代。他以自己的平易近人把笼罩在他身上的那种传奇和神秘色彩一扫而光。参观结束后，商店里的每一个人都清楚,他对我们所作的贡献怀有感激之情,不管它是多么微不足道。每个员工都似乎感到了自身的重要性。这几乎就像老朋友来看你一样。”

山姆·沃尔顿在一篇文章中写道：“我们都是人，都有不同的长处和短处。我们能想到的，可能店员们想不到，而店员们想到的，可能我们想不到。只有把我们的想法和店员的想法融合在一起，进行碰撞，才能有正确的决断。”如果你能做到这一点，你的事业将会一帆风顺。

毫无疑问，山姆·沃尔顿就是把店员当成“外脑思维人”的。利用好外脑思维，对于店长做出有效的决断非常有帮助。这种帮助主要体现在以下两个方面：

第一，给店长提供足够的、清晰的、全面的外在信息。

第二，给店长提供不同意见，促使店长进行反向思考，从而做出正确决断。

那么现在，你准备把哪些人纳入“外脑思维人”的群体之中呢？你又准备如何利用外脑思维，提高自我决断的有效度呢？

4. 内脑思维

和外脑思维相对应的就是内脑思维。内脑思维主要是指店长自身的思维，通常是在了解外脑思维的前提下，面对一件事情自己的看法和想法。内外脑分工不同，所承担的职责不同。虽然内脑也出主意，但主要职责是通过外脑思维选主意、定主意，把所有主意放在一起进行多方面的比较、权衡、判断、选择、决定。从某种程度上来说，外脑主要是打开空间，民主参与，而内脑则集思广益，集中做出决定。

现在，请思考一个问题：在利用内脑思维进行决断的时候，要注意哪些方面的内容呢？请写出：

第三节 “怕错心理”要不得

当你把决断当成一个完整的系统进行布置，并且利用全脑思维进行思考之后再进行，出错的概率就很低了。不过，还是有很多店长在做出决断之前不断地问自己：如果错了我该怎么办？

怕错心理的存在，使得很多店长迟迟不敢决断，最终耽误问题的最佳解决时机，给店铺造成损失，也削弱了自己的气场。

情景范例

我想卖汽车

浙江有一家店铺，以销售摩托车为主，老板丁明是一个非常精明的人。他看到随着人们消费水平的不断提高，中国的汽车市场必然火爆，家用汽车消费必然会蓬勃发展。然而，引进汽车销售需要大量的资金，风险是非常大的；而且，随着进口关税的下调，国外汽车必将会对国内市场造成冲击，他不知道这种影响会有多大，因此，他不敢贸然行动，一直在犹豫观望。尽管他已经做出了相关的决断，可是就是因为害怕犯错，这个决断一直没有被执行。

此时，已经开始有很多店铺开始引进国外的汽车进行销售，当他得到具体消息的时候，市场的竞争已经很激烈，如果此时开始销售，成功率会很低。无奈之下，丁明不得不选择放弃。看着大把的钞票流入那些汽车商手中，他很为当初的有识无胆而懊恼。

事实上，很多店长都和案例中的丁明一样，在做出决断之后，因为害怕出错而一直没有把这个决断付诸执行，最终不仅给店铺的盈利带来障碍，而且影响了自己的气场。这种“赔了夫人又折兵”的事情，最好不要再次发生。

理想是美好的，现实是残酷的。尽管你一直在祈祷这种事情不要发生，可真正面临相关事情的时候，“怕错心理”还是会占上风，拖你的后腿。现在，我们就一起来解决这件事情，避免“怕错心理”的出现影响到你的决断。具体该如何做呢？以下几点或许能够帮到你：

1. 决断之前，要做好“后患准备”

据美国决策机构兰德公司的研究，世界上每100家破产倒闭的大企业中，有85家的破产原因是企业管理者决策不慎。看到这个数据，你可能在决断的时候更害怕了。其实没有必要，只要你做到一点：决断之前，做好“后患准备”。

店长决策是极其复杂的，只要有一丁点漏洞，便可能给店铺经营带来危机，造成连锁反应。如果对“后患”没有充分的了解，并且没有做好准备，一旦决断失策，后果不堪设想。相反，如果你做好了这一点，那么你的担心就会少很多，决断起来也会利索很多。

2. 给自己时间压力

很多决断是有时效性的，比如假期促销决断、员工薪酬变动决断、进货渠道改变决断等，如果你的决断没有在规定时间里做出，那么就会失去决断的意义。

这个道理大家都懂，我们也可以利用这种时间要素给自己增加压力，逼迫自己在规定时间内作出决断，不再因怕错而一再拖延。

通过给自己时间压力来逼迫自己做出决断的时候，应该注意以下几点：

☆ 不要因为着急决断而“眉毛胡子一把抓”。

☆ 决断前还是要做好充分的准备工作。

☆ 要有时间压力，但做决定时不要武断。

☆ 尽量不要在最后一刻做决定。

3. 用数据、事实说服自己

害怕决断时犯错，说到底就是在决断时不够自信。这里的不够自信有几个方面的原因。

第一，个性因素；第二，现实因素；第三，市场因素。

无论存在着哪个因素，都有可能影响你的决断。现在，我们要避免这种情况出现，最好的办法就是利用你已经收集到的数据、事实来说服自己，帮助自己做出决断，避免出现犹犹豫豫的情况。

在这里，你可以使用以下几种的数据、事实形式来帮助自己：

☆ 表格。

☆ 报告。

☆ 投票。

☆ 调查。

☆ 市场走势。

☆ 行情预测。

4. 备好二套执行方案

如果做了以上的工作，你对自己做出的决断还是不够自信，还是怕犯错，那就再做一步工作：制定备选的二套执行方案，即如果你的决断最终被发现是错误的，你可以使用备选方案，把损失降到最低。

在制定二套执行方案的时候要注意以下几点：

☆ 目标不能改变。

☆ 方向不能改变。

☆ 底线不能动摇。

☆ 不会给店铺造成新的压力。

☆ 标明在什么情况下可以使用。

第四节 决断，请避免随波逐流

通过决断，使店铺赢得利润、让店长获得气场，这是一箭双雕的事情。前提是你的决断必须是正确的、有启发性的、能够引人注目的。

说到底，你在做决断的时候，一定要避免进入随波逐流的误区，不能看着别人怎么做，自己也跟在别人后面。这样的决断即便不会给店铺带来损失，也不会带来多大的好处。

在残酷的市场竞争下，唯有新颖、独特才能让你真正获益无限。那么对于店长来说，该如何做才能避免在决断的时候随波逐流呢？

1. 正视店铺的实际情况

任何一家店铺都不可能成功地通过为所有的人做所有的事而获得竞争优势。对店长来说，要做大做强，就必须在了解市场的基础上，根据自身的实力选择一种能为店铺带来竞争优势的战略。那么，店铺的经营管理该如何确定店铺的竞争方向，这就需要考虑到下面几个方面的因素：

◎**分析环境**

店铺所面临的环境是其管理行动的主要制约因素，因此对环境的分析就成了竞争规划步骤的关键要素。这是因为店铺的环境在很大程度上决定了店长可能的战略选择，成功的战略必然是与环境相适应的。

每一个店铺的店长都必须分析店铺所处的环境，了解市场竞争的焦点，现有和拟议中的法律、法规对店铺可能造成的影响，以及店铺所在地的劳动力供给状况等。最重要的是要准确把握环境的变化和发展趋势及其对店铺可能产生的影响。

◎**分析店铺资源**

店铺的店员拥有什么样的技巧和能力？店铺的现金状况怎样？在开发新商

品方面，店铺是不是一直都很成功？公众对店铺及其商品或服务的质量有什么反应？

对店铺资源的分析促使店长认识到，无论多么强大的店铺，都会在资源和技能方面受到某些限制。例如，一家较小的汽车销售商，就不可能仅仅因为看到了微型客车市场的机会就贸然销售微型汽车，因为它没有足够的资源保证自己成功地进入微型客车市场，去和一些微型车 4S 店进行竞争。

◎识别优势和劣势

店铺店长只有对店铺的优势和劣势有一个明确的认识，才能够识别店铺与众不同的能力在哪里，也就是说可以作为店铺的竞争武器的独特技能和资源是什么。分析店铺优势和劣势的关键，是理解店铺文化和力量以及它们赋予店长的责任。特别是店长应该认识到，文化的强弱以及文化的内容都对竞争战略起着相当大的影响。

2. 正视经验，敢于改变做法

从某种程度上来说，经验是好东西，但并不意味着尊重经验，我们就一定能够成功。正视经验，敢于改变做法，这是避免随波逐流的方法之一。

依赖经验是传统的思维模式，这种模式导致我们不理会环境的改变，一味地以观念的、现成的方式方法做事。然而，正是那些曾经让人成功的经验方法把我们带到了效率降低、利润锐减的境地。相信并依赖经验使店长产生行为惯性。

如果店长只有惯性思维，而无变革思维，那么，思维惯性便成了一个思想枷锁。当管理者处理惯性事物及老问题时，不必创新，只须顺着思维惯性即可。但是，店长面临的更多是新情况、新问题，这样一来思维惯性便成了陷阱，阻碍新观念、新思维的形成。

☆ 打破陈旧的作业方法。虽然旧的方法在以前取得过巨大的成功，但是随着社会的变化以及技术的进步，旧的方法开始出现滞后现象。因此，打破固有经验、不断学习创新才是发展的根本。

☆ 不断为店铺订立新的目标，激励店员不断突破创新。奇迹往往是在高标准之下创造的，为自己订立更高的目标，才能不断突破，寻找并产生新的思路。

☆ 学会不断进行自我反省。通过自我反省认识到自己思维惯性的产生原因，以及如何克服惯性行为，从而不断突破自己的思路。

☆ 虚心接受不同的意见。任何人提出的意见都为店长提供了一条新的思路，一条认识事物的新思路。因此，虚心接受不同意见可以开阔视野，不断创新。

在日常管理工作中，你是否被经验所困？

3. 重视决断的不同意见

在我们身边，很多店长存在的一个认识误区：只要大家意见统一了，这个决断就是正确了。

您想想，这和掩耳盗铃有什么区别？

掩耳盗铃之所以荒诞，是因为盗铃人掩住的是自己的耳朵，而不是别人的耳朵。那么我们做决断，内部人意见统一就等于掩住了自己的耳朵，但是市场在变，对手在变，也就等于别人的耳朵没有被掩住，如果你轻易下决断，轻易去“盗铃”，那么失败的可能性就会增加。

一个好的决断是通过与对立观点的交锋、与不同看法的对话，以及从各种不同的判断标准中进行选择以后做出来的，而不是在一片欢呼声中做出来的。只有掌声的决断十有八九不是个好决断。没有不同的意见就意味着没有退路，没有第二套可供选择的方案。

很多店长只喜欢听相同的意见，而不喜欢听不一致的想法，所以到最后，做出来的决断不符合市场的要求，导致店铺发展停顿，甚至后退。这种决断就是一种无效决断，因此，决断的第一原则就是：在没有出现不同意见之前，不做出任何决断。只得到掌声的决断，不是个好决断。只喜欢掌声的店长，也绝对不是一个卓越的店长。

情景范例　艾尔弗雷德·斯隆的独特做法

艾尔弗雷德·斯隆，长期担任美国通用汽车公司总裁，对如何决策这一点的理解非常透彻，他把提出不同意见作为决策中一个系统的方法来运用。斯隆主持的决策会议气氛一般都非常热烈。在一次会议中，斯隆发现所有的人都对一个重要决策持认同态度。他强调说：“对于这个问题，什么样的不同意见都可以提出。”大家都点了点头，表示知道有不同意见是可以提出来的。斯隆接着说：“先生们，我想我们大家对这项决定都一致同意，是吗？”在场的人都点头表示同意。于是斯隆接着说：“那么，我建议推迟到下次会议再对这项决定做进一步的讨论，以便我们有时间来提出不同意见，并对与这项决定有关的各个方面有所了解。”这样做的结果就是避免了很多错误，为通用公司节省了很多资源。

很多店长在遇到一些问题的时候，常常都是凭借第一感觉下结论，但这种感觉指引下得出的结论往往是错误的。我们经常有这样的经历：第一天做出的结论，第二天早上起来发现是错误的；在情绪激动时做出的决断，会在平静之后被自己推翻。为什么？因为我们冷静了，有更多更好的选择方案了，而之所以有更好的方案，是因为思维开阔，产生了很多不同的意见。

4. 了解全面的市场信息

掌握全面的市场信息是做好决断的必备第一大要素。往往因为店长的一个正确决断，店铺就能得到很好的发展；同样，也会因为店长的一个错误决断而分崩离析，产品不被顾客所接受，理念不被员工所认可，直至最终夭折。

很多店长在遇到问题、需要决断的时候，往往都采用“开会决断”的方式进行，事实上，这样的方式并不是特别理想。最终做出的决断看似在掌握信息的基础上进行的，但这只是一个表面现象，实际上还是店长凭感觉进行的。即便是开会讨论，那么这些开会的人同样是凭感觉来讨论的。也正因为如此，他们做出来的决断往往是和市场脱钩的，对自己店铺的发展起不到任何的作用。

这些店长在做决断的时候还缺少全面的市场信息。这就是很多店长下一步要做的工作：掌握全面的市场信息，比如产品定位、市场供求、客户的反馈、竞争对手的应对，等等。

很多书上都讲，店长做决断不能凭感觉，因为感觉未必百发百中，感觉会欺骗你的大脑，让你做出错误的决断。可是很多店长还是没有真正领会这句话的意思，致使一些店铺因为自己的一个错误决断而夭折。

市场永远是店长做决断的风向标，市场供求就是店铺发展的方向。事实证明，店铺的生产营运活动如果没有来自市场供求信息的指导，就会陷入盲目的境地。卓越的店长善于利用敏锐的市场嗅觉，发现市场的空白点，从而抢占先机、确立店铺在全行业中的优势地位，避免掉入随波逐流的陷阱。

对于你的店铺来说，你觉得哪些市场信息是你必须要了解和掌握的？

6 第六章

强势执行，成就绝对气场

要想成为一个有气场的店长，具备强势的执行力是最基本的判断标准之一。执行力不足，不仅会让店长在工作中遇到很大的困难，而且还有可能让店长的管理工作陷入困境无法自拔。工作都无法做得漂亮，气场又何存?

事实上，在我们身边，这样的店长并不少见。他们或许有较高的学历，或许和店铺老板有很好的私人关系，甚至在别人面前自吹自擂有多好的业绩。事实上他到底适不适合当一名店长，能否行使一名店长的职责，是否具备绝对的气场呢？糟糕的执行力往往说明了一切。

第一节　强势执行所需的基本素质

强势执行不是简单的一句话，也不仅是一个信念，它需要的是切切实实的行动以及执行素质的支撑。作为一个店长，尤其是一个新入门的店长，要想具备强势执行的能力，需要具备什么样的素质呢？现在我们就来分析一下。

1. 快速融入店铺的素质

当你成为一个店铺的店长，无论是“空降型”，还是“就地提拔型”，你都要快速融入店铺，否则，工作很难开展。

对于“空降型”的店长而言，这一点很好理解，毕竟，你面临的是一个陌生的环境，无论是你的工作本身，还是你要面对的店员、老板等都是陌生的。如果无法快速融入，工作将很难得到大家的支持。

可是对于“就地提拔型”的店长，所有的一切都是熟悉的，为什么也要快速融入呢？在这里我们要从人性去理解了：当你还是一名普通店员或者导购的时候，周围的店员和你平级，大家都没有太多的想法。可是当你成为店长之后，老板对你的期待改变了，你原来的同事已经成为你的下属，对你的看法也会改变，甚至还会有对立的情绪出现。这个时候，你该如何摆正自己的姿态，重新以店长的身份融入店员中间呢？总的来说，要做到以下几点：

☆ 低调请教，但不要让别人觉得你虚伪。

☆ 请求店员配合，但不要耽于“哥们儿义气”。

☆ 把实际情况和店员分享，博得理解。

☆ 多做事，少指挥，遇事多商量。

☆ 注重引导，而不是强硬指派。

☆ 刚开始可以拿老板说事，以“老板的指令”下达命令。

要想指挥店员，首先得融入这个团队，成为这个团队中的一员。现在，请你想想看，你是否已经融入团队，如果没有，你该如何解决？

2. 拉拢店员的素质

融入只是你成为“头狼”的第一步，接下来就要快速拉拢一些店员，成为自己忠实的部下，然后利用这些店员快速开展工作，树立威信。有些店员很好拉拢，而有些店员则很容易和你对着干。遇到这种情况，必须实行“又拉又打”的策略。

对于主动顺从你的店员，要给予一定的好处，对于总是和你对着干的店员，一定要给予惩罚，甚至可以炒他鱿鱼，达到杀鸡儆猴的目的。不过，在实行这种“又拉又打”的策略时，要注意以下几点：

☆ 无论是“打”还是“拉”，都不能急躁，必须搞清楚情况才能行动。

☆ 不能为所欲为，要让店员信服你的行为。

☆ 抓典型，而不要“一刀切”。

☆ 赢得老板的支持。

☆ 向店员解释自己这么做的原因，获得认同。

☆ 尽量拉拢对抗人员，实在不行再炒鱿鱼。

☆ 以店铺大局为重。

3. 让店员响应号召的素质

“令而不从”是很多店长在日常工作中遇到的难题，就像前面案例中的小刘一样，把任务指派给店员，但是店员总是以各种各样的理由拒绝执行。为什么会出现这种情况？原因有很多，比如：店员看不起店长；店员欺负店长“太嫩”；故意给店长难堪，想要赶走店长。那么作为店长的你，该如何一一破除这些“魔咒”，让店员响应你的号召呢？在这里，教给你一些技巧：

☆ 把“你去把 ×× 事情做一下”改成“我们去把 ×× 事情处理一下”。

☆ 少用指责的口气说话，试试说“这件事情确实不太好，我们还是处理一下吧”。

☆ 明确分配任务，并给予店员执行的时间，比如“今天的货刚来，我想你需要清点一下，晚上能把数目报给我吗？”。

☆ 多说“帮忙”、“谢谢”、“请”、“麻烦”等敬语，尊重你的店员。

☆ 下达命令不能有讨价还价的余地，应直接下达“ ××× 货柜上的 POP 粘贴出错了，请你去处理一下”之类的指令。

☆ 如果有时间，自己带头执行，给店员做好榜样。

4. 敏锐判断的素质

掌管一个店铺，领导店员开展活动，犹如狼群在迷雾中前进。作为“头狼”的店长，如果没有敏锐的判断，很容易将店铺带入迷途，削减店铺的气场。当然，在这个过程中，店长本身的气场也会遭受削减。相反，敏锐的判断不仅能够帮助店长看清事实的真相，而且能够帮助店长提升自己以及店铺的气场，赢得经营竞争的胜利。

情景范例　**“勾兑门”后的香锅促销**

有段时间，受到小肥羊和海底捞“勾兑门”的影响，很多人对火锅的健康产生了疑议，一些原本爱好火锅的人纷纷“弃爱”，寻找其他的美食。在这个时候，某麻辣香锅店的店长王先生敏锐地意识到这是自己店铺促销的一个良机。

于是，他很快制定了“进店即是会员”的促销方案，并报请了老板的批准。第二天，促销活动开始，店长王先生在促销条幅上写道：“麻辣香锅，没有口水汤、没有勾兑，实实在在炒出来的好火锅。”因为这个广告紧扣食客“痛点”，很快便吸引了顾客，大家纷纷前来品尝。自然而然，这些顾客成了麻辣香锅店的会员和常客，店铺的业绩有了大幅提升。

一件很普通的事情、一个市场的风吹草动，对于别人来说，仅仅只是一个垃圾信息，但是对于店长来说，很有可能就是战略制定的依据、促销方案制定的理由。这就是一种敏锐的判断，一种狼性气场的体现。

请问，你是否具备这样的狼性？

5. 力度决断的素质

接受了市场信息并有了判断之后，接下来要做的就是决断。决断，是判断的延续，是店铺气场提升的起点和必要动作。说到决断，很多店长都有一个类似的经历：不敢决断，或者在决断的时候拖拖拉拉，无法达到有力度的要求。

很显然，市场机会转瞬即逝，如果店长无法做到有力决断，就会前功尽弃，再敏锐的判断都无法真正提高店铺的业绩、提升店铺的气场。当然，这样的店长也无法提升自己的气场。在以后的经营活动、管理活动中，店员也不愿意再听从店长的指挥。

要想做到力度决断，需要你做到以下几点：

☆ 摸清底细，确认信息真伪。

☆ 搞清楚所接收到的信息会给店铺造成什么样的影响。

☆ 清楚如果没有决断，将会有什么样的情况发生。

☆ 倾听店员和老板的意见。

☆ 借鉴竞争对手的做法。

☆ 养成快速决断的好习惯。

6. 快速解决的素质

这里的解决主要包括两个方面的内容：

第一，店铺内部纠纷的解决。比如店铺资源的分配使用、店员排班的矛盾冲突、奖惩等。

第二，顾客投诉的解决。包括平息顾客的情绪、解决顾客投诉的问题、平息顾客投诉所造成的负面影响、日常经营活动的检查和预防等。

作为一名店长，这些工作都有可能遇到，他们也会尽力去解决。不过，要想成为一名有气场的店长，遇到这些问题，不仅仅要解决，而且要做到有效解决。

“有效”是一个什么样的标准呢？总的来说有以下几点：

☆ 矛盾双方认可。

☆ 负面影响最小。

☆ 同类问题得到预防。

☆ 矛盾双方情绪平和。

☆ 留住回头客。

☆ 不伤害店铺、店长的气场。

现在，请你衡量一下，你在处理问题的时候，是不是做到了以上几点呢？如果没有，你觉得如何改正才是最好的呢？请将答案写下。

____

____

____

7. 彰显魅力的素质

有的管理人员无论是工作经历还是能力，当好一个店长确实没有问题，为什么最终却落得一个“灰溜溜”的下场呢？原因有很多，但有一点无法回避：他不懂得如何彰显自己的魅力，引起了店员的反感。

彰显自己的魅力，这也是店长成为“头狼”关键性的一步。

☆ 多赞美你的店员，而不是等店员来赞美你。

☆ 肯定别人，也要接受别人的肯定。

☆ 谦虚谨慎，不要遇到别人就说自己的光辉历史。

☆ 遇到不懂的问题要虚心请教，不懂装懂只会让你变得可笑。

☆ 和店员保持一定的距离，不过分亲近，也不过分疏远。

善于彰显自己的魅力，店员才能了解你的魅力、认同你的魅力。当然，彰显自己魅力的方法还有很多，现在，请思考一下，把你认为可行的方法写下，以备不时之需：

第二节 日常管理决定执行力

店长要想提高整体店铺的执行力，日常管理是非常重要的一环，它关系到店员工作是否顺畅，也影响店铺的销售能否快速、有效地进行。对于店铺来说，店长的日常管理主要体现在两个方面：店员的排班管理以及工作项目和程序的管理。下面，我们就来具体阐述这两个方面的内容：

1. 店员日常工作排班管理

有很多店长、老板认为，店员在店里的时间越长越好，于是总是尽量让店员加班、值班，甚至经常出现店铺人员无所事事的情况。事实上，销售工作不同于生产，不是时间越长其收益就会越大，应合理地安排人员班次，提高工作效率。特别是对于店员人数较多的店铺，排一个合理有效的班次，对整体的销售业绩提升是有较大帮助的。

◎店铺的排班应根据人流的时间段分批排班

在正常情况下，下午、晚上的顾客人数比上午多，因此编排值班表时，可安排较多店员上下午班。如果还早晚轮班制，即上下午的店员人数相同，将导致上午的销售人员无事可做，久而久之变得懒散，而下午、晚上上班的店员却忙不过来，当听说上午很清闲时，又产生抱怨心理。前面说了，并非是让店员平均待在店里的时间越长越好，而是应尽量让店员始终有事可做，始终能动起来，形成一种积极的工作习惯。这才是最能提升销售业绩的排班方法。

我们将每日的目标分成了四个时段：第一时段是从开门到15点，第二时段15 ~ 17点，第三时段18 ~ 21点，第四时段21点。根据这样的时段划分，店长在人员编排的时候，也要保证销售高峰人员足够用，而不能草草地实行平均分配。

另外，店员的假期尽量安排在平日，以保证星期六、星期日及假期有足够多的店员上班。

◎工作时间的安排要根据每个时段的销售数据而定

一般店铺开门的时间是早上10点。当被问起为什么这样排班时，店长会很自然地说：大家都这样。其实，根据所处的位置及面对的顾客不同，店铺上下班的时间也应该有所差异，不能人云亦云。如有的店铺早上10点几乎没有生意，而晚上快要关门的最后时间经常会有顾客登门惠顾，当这样的情况持续一段时间后，店长就应该做出相应的时间调整。可以把上班时间往后移一个半小时、下班时间往后移半个小时，总的时间减少了一个小时，这样不但能吸引一些优秀的店员来应聘，提高店员的积极性，更重要的是，有效工作时间加长了，营业额也跟着提高了。所以，具体的工作时间不能由习惯说了算，也不能由店长拍脑袋说了算，要通过分时间段的进店人数、成交数统计来定。

◎排班搭配技巧

☆其一，新老店员搭配。

新店员刚来，对店铺的情况还不是很了解，因此在排班的时候，就需要配合一位经验丰富、处事沉稳的老店员，帮助和提醒新店员，防止工作中因对工作内容不明确而没有关注到位，出现漏洞。而新店员是店铺的新鲜“血液”，老店员也会对其产生新鲜感。所以新老店员搭配排班，有利于做好岗位控制，防止出现漏洞。

☆其二，工作表现积极的店员与相对差一点的店员搭配。

将对工作认真负责、执行力强的店员与思想散漫、不能严格要求自己的店员搭配在一起，效果不言而喻。一方面优秀店员帮助较差的店员，感染和影响这样的店员提高执行力，形成潜在竞争机制；另一方面也让较差店员认识到自己的不足，督促自己自觉进步，从而提高工作积极性，并逐步地影响其他店员走向积极正面的心态，达到全面提高士气的目的。

☆其三，不宜将老乡、同学关系的店员安排在一起工作。

因为这些店员的关系比较密切，在工作中容易串通，出现不诚实行为或其他非正常事件，此时将无人监督、提醒或防范，损害店铺利益。

☆其四，不宜将两位平时表现都好或者都不好的店员安排在一起工作。

优秀是一种习惯，两位表现良好的店员在一起会造成资源浪费，没有真正发挥他们的附加价值，如上面所说的“榜样的力量”；另外，两位优秀的员工搭班，也会出现或隐或显的谁主谁次之争。如果两位表现不好的同事在一起工作，其隐患更是不言自明。

2. 排班管理所需工具

（1）店铺每周排班表，如下表所示。

店铺名称：

日期 姓名	周一	周二	周三	周四	周五	周六	周日
	月　日	月　日	月　日	月　日	月　日	月　日	月　日

注：

1. 填写此表用以下代码：

A. 早班：由__时至__时 B. 中班：由__时至__时

P. 夜班：由__时至__时 W. 全班：由__时至__时

2. 每周六一报；

店长：________ 部门主管：________

（2）店铺店员考勤统计表，如下表所示。

店铺编号：　　　　　　　　　　　　　　名称：

姓名	职位	出勤天数时数	全勤奖	无薪病假/事假天数	旷工天数	迟到		加班时数（补薪）	上月剩余加班时数	本月已补休时数	本月未补休时数	本月剩余加班时数	备注
						次数	时数	平日					

店长核签字：　　　　　　　　零售部主管签字：

日期：　　　　　　　　　　　日期：

（3）换班单，如下表所示。

店铺名称：

日期	交接事宜/物品	交班人	接班人	处理结果

（4）店员签到表，如下表所示。

店铺名称：　　　　　　店员姓名：　　　　　　年　月

日期	星期	班期	店员签名	上班时间	下班时间	加班时数	店长签名	备注
1								
2								
3								
4								
5								
6								
7								
8								
…								
31								

加班时数：　　　　　　事假 / 病假：　　　　　　年假：

其他：

店员确认：　　　　　　店长签核：　　　　　　部门主管：

（5）早（晚）会记录簿，如下表所示。

日期	工作安排	顾客服务	产品知识	附加推销	营业指标	店长签名

3. 工作项目及程序的管理

作为直接面对消费者的店铺，店面周边环境卫生、室内装饰布局、产品的陈列摆放、室内卫生以及店员个人卫生等都会影响到顾客的心理，一个好的店面会直接招徕更多的顾客，促进经营发展。另外，店铺安全与消防管理更是店长要提高警惕，防患于未然的工作。因此，店长不仅要关注销售额的提高，更要为顾客、店员营造一个安全、健康、卫生的环境。

◎ **店铺卫生管理**

其一，人员卫生管理。

主要是指每天销售人员在店面正式营业前服饰穿着要得体、整洁。发型要整齐不凌乱且要化淡妆，目的是店员每天都要保持一个良好的精神面貌和外部形象。主要的卫生标准为：

①店员按规定着装，洗烫整洁，无损坏，纽扣齐全、系好。

②男女店员发型最好前不挡眼、侧不遮脸，不留奇怪发型，给顾客留下干净清爽的印象。

③女店员工作期间，须始终保持淡妆，切忌浓妆艳抹。须选用与工作服以及肤色相配的化妆品。腮红须涂抹均匀自然。口红保持良好，形状颜色自然。不得进行过分复杂和夸张的化妆。

④店员手部必须干净，指甲修剪整齐、干净，不留长指甲。男店员每天修面，保持干净。

其二，店面卫生管理。

每天早晨店面正式营业前，店员要对店面的商品以及商品展柜做适当的清洁。同时要注意在清洁时保护好货品，做到谨慎小心不损伤货品。要做到分工明确，责任明确。主要的卫生标准为：

①保持地面清洁、无污渍、无杂物。

②玻璃门要经常擦拭，保持无污渍与指纹。

③公共休息区要保持无污渍、无杂物。烟灰缸内烟头超过3个要及时更换。桌面要保持清洁，无烟灰与其他杂物。

④货架表面保持无灰尘、杂物，商品要摆放整齐，并保持无变质、过期商品。

⑤收银设备要求表面无污渍。

⑥卫生间要保持清洁，无痰渍、水渍。清洁工具摆放整齐，不随意乱丢。

店长要对这两项工作进行实施和监督，并做不定期检查，以检查结果为依据做出奖罚。这样不仅可以使店员养成一个积极、认真、负责的工作态度，同时也为顾客营造一个良好的购物环境，并以此达到提高销售的目的。

◎ **店铺安全及防损管理。**

其一，人员安全管理。

①票台和货品柜内不要放置尖锐物品，避免割伤。

②货架的角钢包边、柜台的棱角、可以调整高度的挂杆、层板要固定稳当，避免擦伤、砸伤。

③ POP 支架及悬挂在店内的饰品要注意高度。

④发生漏电、柜门掉落或玻璃破损，要及时修理更换，不要用透明胶带应付。

⑤注意用电安全，禁止用潮湿的手接触电源开关和插座。

其二，店面安全管理。

①防窃。偷窃者一般特征为：行动鬼祟；当视线与店员目光接触时，会立刻躲开；长时间地在店中晃来晃去。每一个店员都需留意行为怪异的人，一旦发现可疑，立刻提高警惕，及时采取措施并提醒店内顾客小心钱包。若其已构成偷窃行为，则需果断处理，处理应在公开场合，且应寻求其他同事的帮助，多人配合，协助处理。但要避免在营业场所处理，以免影响销售和店面形象。如果当事人不服从处理，可以寻求警方帮助。

②防火。店长需监督店员在营业结束后，做好店内各区域清查包装品等易燃物的工作，并且要关好门窗、处理好火源。对香水、汽油、油漆、酒精、部分化妆品等易燃、易爆物品实行专人管理，不能随便使用。

③防损。对店内易碎、易损货品及时检查和防护，以免被消费者挪动位置而造成不必要的损失。在整理易损货品时，要尽量不佩戴首饰以免刮伤。另外，不要把一些害怕灯光照射的货品陈列在距离射灯过近或照射时间过长的位置。

4. 项目程序管理所需工具

（1）店铺每天例行检查表。

店铺： 日期：

店铺人员						
店员站位是否适当	制服是否整齐及清洁（包括名牌、鞋）	仪容是否标准（包括头发、化妆、饰物）	工作表现			
			服务态度	销售技巧	说话的语气	产品的知识
店铺外貌						
招牌、灯箱是否亮着及整齐（有需要时）	橱窗玻璃是否清洁	店铺向外的墙身及柱位是否清洁	灯光（包括射灯及橱窗灯饰是否亮着）	店铺行人路及店前清洁		
店铺清洁						

（续表）

播放公司指定音乐	货场地板是否清洁	货场玻璃、镜架是否清洁	试衣室内地板是否清洁	货场杂务是否放于适当位置	冷气出风口、风帘机及隔离网是否清洁	店内冷气温度是否适当
收银柜位周围						
核对银头	收银柜面是否清洁及整齐	收银机是否清洁（包括背部的电源部分）	购物袋是否足够且摆放整齐	文件存放是否清洁	垃圾桶是否清洁	
货品清洁及整齐						
模特衫、裤是否清洁及整齐	橱窗内的摆放、灯饰及陈列台是否清洁	陈列饰物及陈列挂饰是否清洁	货品陈列是否足够及整齐	货品陈列是否依照公司指定摆放	价牌及POP是否足够及整齐	
说明	1. 此表须每天早上10：00前完成，由当值店管或组长负责检查； 2. 完成的事项打“√”，不须检查的事项打“/”，没有做到的打“×”。					

（2）店铺事故报告表（此报告表可用于各项店内事故之报告）。

由：　　　　　　　　　　　　店
致：
日期：
事由：
零售主管意见及行动：
店长签名：　　　　　　　　　　零售主管签名：
有关部门处理回复：

跟进人签名：

（3）店铺维修通知单。

店铺名称		申请日期	年 月 日
维修类别	□房屋：墙体、地板、天花 □设施：货架、收银台、道具 □水电设施 □陈列设施及用品 □办公设备及用品 □其他		
工程部意见	安排维修人员： 主管签名：	受损日期： 年 月 日	
		需要日期：□尽速 □最迟 年 月 日以前	
		受损状态说明： 申请人：	

以上单据由____申请部门留存，以下单据工程部留存跟进

店铺名称		申请日期	年 月 日
维修类别	□房屋：墙体、地板、天花 □设施：货架、收银台、道具 □水电设施 □陈列设施及用品 □办公设备及用品 □其他		
申请部门验收结果	 验收人签名：	受损日期： 年 月 日	
		需要日期：□尽速 □最迟 年 月 日以前	
		受损状态说明： 申请人：	

第三节　组织能力是执行力之本

成为一名店长之后，你的工作重心应更多地向“团队活动”方面转移。如何才能做好这样的工作？这就需要你具备强大的组织能力。

所谓组织能力就是能把各种生产要素组合在一起产生高效率的组合能力。简单点说，就是把一个个独立的个体形成一个组织或者团队，以便更好、更加有效地开展店铺工作，获得更大的效益。那么作为店长来说，该如何提升自己的组织能力呢？

1. 了解店员能力，合理配备

组织能力的提高，最关键的一点是把合适的人放在合适的位置，让他发挥最大的能量为店铺赢取利润。要达到这样的目的，了解店员的能力是基础。作为店长，如果根本不了解店员，又凭什么进行合理配备，发挥他们的优势？

了解店员的能力，在很多店长眼中，这是一件异常轻松的事情。开个会，让这些店员把自己的能力、优势和特长列个表格交上来就行了。可事情真的这么简单吗？不见得，原因在于以下几点：

☆ 店员对自身不够了解，无法准确说出自己的优势所在。

☆ 能力很多时候表现为潜力，绝大多数店员没有意识到自身潜力。

☆ 了解能力更需要长期、细致的观察，很难短时间内发现。

☆ 能力和配备之间还需要合理调整，很多店长无法做到。

从能力到效益，两者之间有很长一段路要走，并不像很多店长所想的那么简单。要想成为一名有气场的店长，这段路不仅要走，而且要走好。具体可以参照以下几种方法：

☆ 面对面沟通，了解店员的个性、脾气和能力的基本情况。

☆ 让店员相互询问，交叉了解。

☆ 做好观察和记录，发现店员的潜力所在。

☆ 大胆任用，用压力逼迫店员发掘潜力。

☆ 实行“互补”式、“监督”式配备，切实提高店员的工作效率。

了解店员的能力，是做好店长工作的一个基础部分。如果连这一点都做不到，很显然你的店长工作很难正常、有效地开展。

2. 清晰目标，明确组织方向

你之所以需要具备强大的组织能力，原因就在于要把店员组织在一起，为店铺的目标服务，比如常见的是促销目标、季度营销目标、年度营销目标等。那么如果你明确组织的目标，也就能帮助你提升自己的组织能力。

具体来说，可以这么做：

☆ 将店员目标和组织目标进行统一。

☆ 听取店员意见，适当调整组织目标。

☆ 把组织目标进行分割，落实到每个店员身上。

☆ 实行奖惩措施，让目标更深入人心。

☆ 动态监控，切实提高目标的成功率。

☆ 有效协调，帮助店员解决实际困难。

目标，就是一个方向。作为店长的你，要想方设法把店员的注意力都吸引到这个方向上来，切实为目标出力。要知道，目标完成，不仅店铺能够获得盈利，而且你的气场也能获得提高，店员更容易服从你的领导。

店长如何让店铺的目标更加清晰、明确？我们可以从一个现象入手：一个运动员在夺冠前的训练中，教练员总喜欢把对手或一些冠军运动员的比赛过程录下来，通过观察、分析，发现对手的优缺点，然后再为运动员制定一个有效的训练计划。为什么要这么做呢？因为这样能使很多复杂、深奥的过程变成一组组“抬起脚—向前迈—落地再来”这样一连串的简单动作组合。

店长的销售工作也是如此，面对望而却步的指标，只要通过对这些指标进行分解和落实，那么连起来就是一个良好、复杂的营销系统了，就可以化整为零，轻松完成年度指标。

◎月目标的分解

在制定目标时，首先要参考上年同期的销售情况。根据上年同期每月做了多少、每周做了多少，结合今年的状况做出调整，制定今年的销售目标。比如上年同期店铺有活动，提升了20%的销售，今年没有，制定本月目标时就要考虑到这个因素。根据上年的销售额，再加上今年的增幅，就是新的目标。

其次，对于新增的销售指标，也要分解到每个月的目标中。比如上年的销售目标是100万元，但是今年因为新品上市要做到130万元，其中的增值是

30%，那么每个月的增值和上年同期相比平均增值也要加 30%。

当然，30% 仅仅是平均增值，我们在具体分解目标的时候，也要根据每个月份的具体情况，确定不同的目标，比如说春节期间人们的购买力增强，那么月度销售目标就应该在平均值的基础上增加，达到 50% 左右。同样的道理，在一些淡季月份，人们的购买力相对下降，那么月度销售目标就应该在平均值的基础上下降，达到 10% 左右。

◎周目标的分解

在制定周目标的时候，也要做到两点：

首先，根据每日客流量的不同，分别分配每日的销售目标。一般周一至周四较周五、周六、周日的销售比重稍低，如各占销售额的 12%，周五占 16%，而周六和周日各占 18%，合计就是 100%。

其次，将该月销售目标四等分，该月内每周各占一份，每一份都按上述的比例进行分配，参考节日大型推广将数据调整到满意为止。分的时候一定要按照周一到周四，周五、周六、周日分成这样几个等分，每周定一个目标。

在没有特殊情况时，每个月的前两周目标一定高于第三周和第四周，因为按照顾客的购买习惯，月初的购买力总是大于月末。

◎日目标的分解

要想完成店铺的销售目标，除了每月、每周要制定相应的目标外，还要制定每天的目标。并且还要对每天的目标进行时段性的分解。这部分工作主要按以下两个步骤进行：

首先，一般按照营业时间 9 点至 22 点分为四个时段，而 9 点至 18 点可分为三个时段。

其次，分析每个时段客流的特点，参考过往的记录，定出每个时段的营业额。一般第三时段的客流较多，则所分配的营业额比例就高一些。比如第一时段占 20%，第二时段占 30%，第三时段占 40%，第四时段占 10%。如果店铺处于居民区，可能早上一开门有客人，晚上没人，那就倒过来，这也是一个规律。一天的销售目标按照上述比例分配给各个时段，把结果写在工作日志上，成为该日目标计划表。

另外，每个时段需要有详细的管理表格，这样才能确保每个班次的人特别清楚，店长自己也特别清楚。每日时段目标没有完成时，每个小时都要去跟进，确保在时段内能完成。

◎目标的落实

目标制定了，也做了详细合理的分解了，那么如何将这些小目标进行分配落实呢?

第一，做好准备工作。店长可以利用晨会，首先对昨日销售数据进行分析总结，然后告诉店员今天的目标是什么、具体怎么做、需要注意哪些方面，让大家对今天的目标任务有更清晰的了解。

第二，步步跟进不放松。在店员明确了目标之后，店长就要监督店员为目标而努力。这时，店长不仅要从精神上激励店员，而且要时刻关注店员的销售情况，进行实质的指导和帮助。如店员的服务没有令客户满意，店长就需要及时与店员沟通，对销售、服务情况进行跟进，从而发现问题，对症下药，及时修正提高。

定下一个目标及完成时间，在及时地跟进过程中，管理者可以根据店员的完成情况进行下一阶段目标的制定。

第三，想方设法追目标。有时候，由于某些客观因素，店铺的目标落实、执行等工作似乎已经做得很完美，但最终还是没有达到销售目标。这个时候就需要学会追目标。主要方法有：给忠实客户或者 VIP 客户打电话，告知店内优惠等情况；通过渲染店内气氛，不仅吸引顾客，还可刺激和激发店员的积极性；在未完成目标的情况下，可临时设定销售竞赛，加倍奖励销售额第一的店员，从而刺激店员完成目标。

偶尔地追目标，可以带给店员刺激，让店员振奋，但是一旦总是在“追”的过程中，店员难免会有惰性，甚至影响销售激情，因此，“追目标”只可偶尔为之。而店长也要总结经验，考虑全面，使制定出的目标尽量不受客观因素的影响。

3. 有效协调，为同一目标努力

当店员都在为同一个目标努力的时候，彼此之间很容易出现一些摩擦或者冲突。尽管只是些小矛盾，可是如果不协调好，同样会产生“千里之堤溃于蚁穴”的后果。遇到这种事情的时候，很多店长都知道要进行协调，可往往协调结果都不是特别理想，最终把小矛盾变成大矛盾。

有效协调，目的就是大事化小，小事化了。要想做到这一点，应该注意以下几个要点：

☆ 不说大话、狂话。

☆ 不上纲上线。

☆ 体谅、理解，尊重店员合理要求。

☆ 宽严相济，既要讲纪律也要讲人情。

☆ 公平公正，不厚此薄彼。

☆ 具体问题具体分析，不“一刀切”。

☆ 不说刺激店员的话，不做伤害感情的事。

☆ 对故意破坏、挑衅者绝不姑息。

☆ 立足矛盾双方的共同点进行协调。

☆ 用组织目标进行激励。

4. 必要的监督

衡量一个店长组织能力好不好，除了要看店员的能力是不是与工作内容有合理的配搭之外，还有非常重要的一点：工作是否做得到位、圆满。有效地组织，是工作的基础，而监督则是到位工作的保障。从这个角度来说，监督也是必要的，监督能力的大小也间接决定了店长组织能力的大小。

当然，监督不是时时刻刻盯着店员，而是要讲究技巧的。在这里把这些技巧罗列出来，希望能给你带来一些帮助：

☆ 抽查和普查相结合。

☆ 定时检查和突击检查相结合。

☆ 给店员造成一定心理压力最有效。

☆ 奖惩措施必不可少。

☆ 店长监督和店员互相监督相结合。

☆ 合理利用店铺监控进行监督。

尽管监督是为了更好地帮助你完成店铺的管理工作，但是有一点应该注意，不要让店员觉得你是在耍手段、窥探他们。如果已经出现这种情况，你一定要解释，以免事情越闹越大，矛盾越积越深，影响店铺的正常运转。最重要的是，一旦你被店员认定是一个不正直的店长，气场就会受到影响。

第四节　高效权变，拿好权做好事

到底什么是权变？简单点说就是一种智慧，一种谋略，其精髓在于两个字：弹性。无论你是在制定店铺的目标，还是在管理店员，如果能够做到权变，就能真正把工作做好，提升自我气场。

如何做到权变？如果作为店长的你对此还不够清楚，不妨趁此机会好好了解一番。

1. 留心观察，发现风吹草动

权变，着重点在于一个“变”字，“权”只是“变”的一个手段、工具罢了。既然要想“变”，有一点就非常重要：知道在何时应该变。举个简单的例子，是在店员抱怨的时候开始变，还是在店员辞职之后再开始变？

无论在什么样的情况下进行改变，作为店长，你都要做到一点：留心观察，发现风吹草动。那么你到底需要观察哪些方面的内容呢？以下几点尤为重要：

☆ 店员的情绪。

☆ 市场的环境。

☆ 竞争对手的动向。

☆ 顾客的情绪和想法。

☆ 店铺老板的想法。

☆ 店员矛盾的动向。

☆ 店员的需求和想法。

在店铺的管理活动中，作为店长，你的工作可能很忙，根本没有时间做到“留心观察”，但是做到一点许多问题即可迎刃而解：尽可能多地和基层人员待在一起，随时询问他们的想法。不要把自己锁在办公室里，靠店员的报告和数据来了解店铺的经营状况。

2. 关键决断，利索转变

店铺是一条船，店长是舵手，控制着船的航向。店铺能否经营得好，店长决断尤为关键。决断正确及时，店铺就能够继续生存、获得发展；决断不及时或者不正确，那么店铺的生存就会受到影响。

关键决断，利索转变。既然你对某件事情已经做出了决断，那么转变同样应该利索一点，任何的犹豫或者不彻底都是不正确的。

那么影响你决断和转变的因素有哪些呢？在这里不妨先思考一下：

____

____

____

影响你决断和转变的因素有很多，本书所总结的有以下几点，看看和你的想法是否一致？

☆ 暂时或者眼前的利益。

☆ 店铺老板给予的压力。

☆ 竞争对手的强势竞争。

☆ 某个或几个店员的不配合。

☆ 对自己的决断不够自信。

☆ 对前景感到模糊和迷茫。

☆ 市场行情的不明确。

☆ 对店铺目标的误解。

☆ 拖沓的个性和性格。

☆ 旁观者的“指点”和“意见”。

☆ 行业专家的“建议”。

权变，是一个进行转变的过程，很容易受到各种因素的影响而做出错误的转变。现在，我不妨告诉你一个准则：让自己的头脑保持清醒，别让过多的言论误导你、牵制你，否则你很难做出正确有效的决断。

3. 做任何事情都要留有余地

前面我们已经说到了权变的精髓在于“弹性”两个字。因为如果做事情没有留下任何余地，那么当你需要再进行转变时，将无法如愿。就像一个人把话说绝了，等发现自己说错想要改变的时候，为时已晚。

做任何事情都留有余地，这是权变的一个技巧，也是作为店长提升气场时应该时刻记住的准则。

4. 不要太相信经验

经验只能提供参考的资料，不能作为抉择的唯一标准与依据。可是在众多店长中，真正认识到这一点的恐怕不多。很多人，在工作中遇到问题时总是根据所谓的“经验”妄下结论，而结果往往与他们的判断不相一致，令人哭笑不得。

在工作中，对于自己以往获得的经验不应过于迷信，因为世界上没有任何两件事是完全相同的。局限于旧认识，只会让自己在工作中缺乏勇气。优秀的店长要善于发现隐藏在工作中的细节，借鉴以往的经验，形成新的认识，这样才能不断突破自己。《金融时报》曾对全球500强店铺的店长做了一个调查，他们中有98.72%的人认为，店铺的倒闭与店长的墨守成规有关。从这份调查报告中不难看出，经验提供给我们很多智慧，但是店长绝不能被经验左右。

实践是检验真理的唯一标准。将其活用到工作中就变成了——工作是检验经验的唯一标准。所以你要适时逃离经验的陷阱，不要让经验变成制约你发展的桎梏。

第五节　营造氛围，提高店铺集客力

有的店铺原本生意冷清，却在换了一个店长之后变得红红火火。为什么会有这样的效果？除了店长能够在短时间内改变店铺原有的营销情况外，还有一点不可忽视：这些店长善于根据自己的需要营造氛围，从而提高店铺的集客力。

根据自己的需要营造氛围，这一点对于店铺来说非常重要，主要体现在两个方面：

第一，吸引顾客前来进行消费，从而提高店铺销售的利润。

第二，引导店员向着自己想要的方向去努力，从而提高店员的工作效率。

由此我们可以看出，是否具备营造氛围的能力，也决定了店长的素质和能力，间接影响了店长气场的提升和彰显。

看到这里，或许你要问了：哪些氛围需要店长营造？是的，只有搞清楚这个问题，才能真正提高你营造氛围的能力，提高店铺的集客力，最重要的是，才能提高你的气场。

总的来说，有以下几种氛围需要店长来营造：

1. 商品热卖的氛围

几乎所有的顾客都有一个心理上的误区，认定热销的产品就是好的，顾客多的商店所出售的商品就是好的。了解到顾客的这个心理，对于店长营造氛围来说有什么样的帮助呢？很简单：营造商品热卖的氛围，从而吸引更多的顾客前来消费，减少店铺商品的库存和积压，把店铺的损失降到最低，利润提到最高。

营造商品热卖的氛围，具体该如何做呢？

☆ 店铺顾客量的增加。比如店长可以引导店员，让他们尽最大可能留住进店消费的顾客，从而营造出“很多顾客在消费”的氛围。

☆ 言语氛围的营造。比如店员在和顾客交流的时候，可以使用“我们的商品很快就要卖断了”、“这款商品很好卖”、“我们店这个月销售状况良好”等，从而给顾客造成“热销”的感觉。

☆ 行为氛围的营造。在店员和顾客进行交流的时候，店员可以故意走开一段时间，特别是在另外有顾客进入店铺的时候，这种行为会给顾客造成一种错觉：这家店的店员真的很忙，销售确实很火爆。

另外，我们之前也说过，如果是促销，店长可以使用商品凌乱摆放、地上摆放众多包装盒等方法，营造热销的氛围。

当然，在营造这个氛围的过程中，还有很多细节需要考虑和注意，现在不妨思考一下，有哪些细节需要你去注意和考虑呢？

____

____

____

2. 团队凝聚的氛围

提高团队的凝聚力，把店员凝聚成一股绳也能提高店铺的集客力。不过一个新的问题就出现了：对于刚刚上任的店长或者急需要提高店铺集客力的店长来说，该如何提高店员的团队凝聚力？

除了要对店员进行团队精神的教育和引导之外，团队凝聚氛围的营造，需要店长做以下事情：

☆ 大力宣传团队凝聚的好处。

☆ 对具备团队精神的店员进行表彰，让他成为店员的榜样。

☆ 对破坏团队的店员进行惩罚。

☆ 对店员进行团队精神方面的培训。

☆ 在和店员沟通的过程中，多使用正面的词汇，比如“好”、“团队”、“一家人”等。

☆ 创造机会，让店员进行完美配合。

要想进行团队氛围的凝聚，具体的方法还有很多，在此就不一一进行罗列。不过你可以仔细思考，把你认为可行的方法写下来：

____

____

____

3. 积极工作的氛围

如何让店员积极工作，是很多店长都感到头疼的问题。一般店长只单纯地使用奖金和扣除福利等方法进行。其实，除了这些常用的方法外，还可以通过营造积极工作的氛围，让店员在这种氛围的熏陶下，主动积极工作。

具体该如何做呢？

☆ 合理利用晨会、晚会的时机营造氛围。

☆ 利用简单的道具帮助营造氛围。

☆ 利用好典型人员的力量，提高说服力。

☆ 合理安排店员的工作，在短时间内提高工作效率。

☆ 给予店员适当的压力。

情景范例 **销售冠军在向我们走来**

秦小姐是一位优秀的店长，她非常善于利用晨夕会，以此来激发员工的积极性，提高店员的工作效率。

3 月 31 日，是一个月份的结束也是新的一周的开始，晨会的业务推动，显得至关重要。为了把这个晨会做好，秦小姐首先拟定了一个简单的流程，并把几个关键点进行标注。

早在周五，秦小姐就开始准备道具，先制作一个皇冠和神杖，再就是准备一个小小的托盘，另外还得准备几枝鲜花、几条彩带。经过一个小时的准备后，秦小姐请行政部的负责人为她找来了两位业务伙伴和当月的销售冠军。秦小姐将自己的思路给她们做了介绍，并就周一几个关键性内容进行了演练。

到了周一的晨会，秦小姐一身职业装站到台前：“各位优秀的销售战将们，早上好……”然后她做了一些日常性的总结、汇报等工作。接下来，秦小姐说：“各位，一个月的时间在我们辛勤劳动与付出中流逝了，但在这流逝的时间光中，是不是每个人都付出了辛勤的劳动呢？是不是每个人都对自己有了一个很好的交代呢？下面我们以热烈的呼唤请出我们的月度冠军——李玉晓。”

在一阵热烈的呼声和掌声中，月度冠军李玉晓从门外走了进来，只见她头顶皇冠，身披彩带，手持神杖，缓缓走入。在她的身后，紧跟着一男一女，一人手托茶盘，盘中放一杯热气腾腾的奶茶，另一人手捧玫瑰。

“各位，我们的月冠军已经向我们走来了，她正向我们挥手致意，正把她的好运挥洒给我们，让我们以更热烈的掌声感谢她给我们带来的好运！”掌声一直没停止。冠军在掌声中来到了前台，一脸的幸福与荣耀。

“请我们今天的明星入座。”安排的两位业务伙伴从后面抬着一把椅子穿过人群来到台前，放下椅子：“请冠军入座。”然后毕恭毕敬地站到一侧。

“请我们最高长官给我们今天的最高荣誉获得者奉茶。”行政部的人员人员将奶茶递给冠军。

然后秦小姐表扬了李玉晓，从她的勤奋、她的想法、她的做法到她的创意……用心挖掘了她身上的所有闪光点，绝不吝惜给以激励和赞扬，以此来树立好的典范。

从案例中可以看出，秦小姐的晨会不仅提前准备，有计划，有道具，而且还进行了演练，整个过程也像是一部精彩的短剧，让人投入其中，兴趣盎然，印象深刻。看到这样的案例，你有什么样的想法呢？

____

____

____

第六节　谨记：避免权力交叉

店长气场的强大，往往体现在权力的充分行使上。不过在这里也有一个问题出现：当店长在充分使用自己权力的时候，是不是也会和店铺经营者，也就是店铺老板之间的权力产生“火力交叉”的情况呢？

据一份调查显示：在被店铺老板炒鱿鱼的气场型店长中，有77.5%的店长是因为在权力问题上和老板产生冲突，而剩下22.5%的人中，又有相当一部分也存在这种情况，只不过还没有到被老板炒鱿鱼的地步。

很多店长在出现这种情况的时候，往往以“功高震主”来归纳其中的因由。实际上，除了这个原因外，更多的是权力的纠纷。

做一个有气场的店长，更要做一个能够避免权力交叉的店长。具体该如何做呢？这就是本节要解决的问题。总的来说，有以下几个方面要注意：

1. 权力分配制度化

店长到底有什么权力，有哪些权力？对这一点，很多店铺的店长岗位描述中非常明确。这就是一种权力的制度化，保证店长能够在权限之内做好自己的工作，而不至于和店铺经营者产生冲突。

这是最为理想的一种状态。现实中很多店铺在具体营运过程中，各种疏漏都有可能遇到，比如我们常见的以下几种：

☆ 店长和老板的权力分配只是口头约定，出现问题没有解决依据。

☆ 权力分配表述过于粗糙，对细节性问题没有约束力。

☆ 店长和老板之间对某个条款有不同的理解。

☆ 气场强大的一方有“权力入侵”的情况。

☆ 店长或老板为了自己的私利歪曲权力分配条款的意思。

☆ 店长气场不强，无法切实使用权力。

类似的情况还有很多，这都是权力分配条款化做得不够好，导致扯皮的情况出现，影响店铺的销售业绩和店长的管理工作。

那么具体该如何做才能避免这种情况的发生呢？有以下几个原则可以使用：

第一，条款细节化。任何一个条款，都应该落实到细节问题上，而不是停留在表面。比如，“店长可以酌情使用罢免权”，那么具体在什么样的情况下可以使用罢免权，什么样的情况下不能使用，这在条款中都应该有所体现。

第二，条款文书化。这主要是指条款应该以协议或者岗位要求的形式表达出来，而不仅仅停留在口头上。就像很多大型店铺一样，店长的权力范围、工作要求等都被列入一个表格，由店长和老板签章。

第三，条款明朗化。所谓明朗化是指要公示出来给大家看，特别是给店员看。这样做的好处就是明确地告诉店员：店长有权力这么做，这就是他管理的工作内容。如果有人不服从，店长完全可以自主采取措施，而不用请示老板。另外，公示还有一个好处：容易让店员发现条款的漏洞，从而进行补充修正，不必等出现问题之后再去扯皮。

第四，有奖励有惩罚。店长如果能够行使好权力，店铺经营者可以给予奖励；相反，如果店长出现权力入侵或者无法行使好权力的情况，应该接受处罚。通过和切身利益相挂钩的做法，能够切实帮助店长行使好权力。

2. 模糊权力要请示

任何一项制度或者条款，都很难做到面面俱到。那么当权力分配处在模糊阶段的时候，该如何做？作为店长，你是坚持自己的做法还是请示老板？明智的做法当然是请示老板。毕竟，店长的所有权力，都是老板赋予的。如果你要行使的权力并没有明确标明在你的职责范围内，请示无疑是最好的选择了。在这种情况下，切忌出现自己擅自做主的情况，否则后患无穷。

在这里，有几个误区要注意避免进入：

☆ 盲目自信，认为老板都听从自己的，懒得请示。

☆ 认为老板信任自己，自己就可以为所欲为。

☆ 认为店里的事情都应该听自己的，一切由自己说了算。

☆ 先干事情，出了问题再商量。

事实上，店长和老板之间的权力分配是一个非常微妙的关系，处理不好，就会出现相互猜忌的情况。店长要想提高自己的气场、获得老板的信任，在模糊权力方面，一定不能擅自做主，及时请示是最好的选择。

3. 问题出现要商量

一旦出现权力交叉，你该怎么做？是装作什么事情都没有发生，还是主动向老板道歉，并商量以后出现这种问题该如何解决，寻找可靠的解决方案？后面这种做法显然更加有气场一些。

不过在这里还有一点要注意：商量并不等于妥协。如果你觉得自己行使权力没有错，就应该明确和老板说，并把这一点补充进制度当中。

4. 意见不合听指示

很多时候，店长在某些事情上很容易和店铺老板产生矛盾，这些矛盾无法用权力归属的问题来解决。比如店铺未来竞争战略的选择、某个季度的促销方案的制定等，店长能够参与决策，老板也有权力决策。在这种情况下，店长和老板意见不合，该如何解决问题？店长要遵循一点：听从指示。如果你觉得老板的决策是不正确的，你可以提出自己的意见供老板参考；一旦老板决定执行某个方案，无论你还有什么样的看法，都应该听从指示，遵照执行。

7 第七章

凝聚力，让气场无法抗拒

店长的气场不仅仅体现在具备执行力上，而且也体现在超强的凝聚力上，这种凝聚力往往让店员无法抗拒。

在很多店铺，我们能够看到一些店员很有团队精神，能够协同作战，做好店铺的各项工作，为店铺提升气场打下坚实的基础。很多人简单地以为这是店员具备团队精神。不可否认，店铺人员要想协同作战，店员的团队精神是不可或缺的，不过你也应该意识到一点：如果店长没有足够强大的凝聚力，店员的协作很容易遭受挫折，甚至会被削弱。

由此可见，店长具备强大的凝聚力具有三大好处：第一，提升店铺的气场；第二，提高店员之间的协作能力；第三，提高店长本身的气场。

那么如何才能提高店长的凝聚力呢？我们首先要了解什么是凝聚力、凝聚力的本质什么，然后才能找出提高凝聚力的方法和时机。现在，我们就一同来了解。

第一节 凝聚力的本质是主动追随

凝聚力，从表面上看就是把周围的人团结在自己身边，按照自己的要求、部署、步调等完成日常的店铺工作。很显然，这种团结包括两个层次的内涵：

第一个层次：店长依靠权力要求店员服从自己。这种团结具有遭胁迫、被动的内涵存在。

第二个层次：店长依靠自身魅力让店员主动追随，主动按照自己的要求去完成工作。这种团结具有追随、主动的内涵存在。

第一个层次，基本上所有的店长都能做到，不过这并不是店长的气场。如果店长始终以这种方式来凝聚店员，不但不能帮助自己提升气场，而且还会让气场遭受削弱。现在，请你反思一下，在平常的工作当中，你是靠什么样的力量把店员凝聚在一起的？

____

____

____

如果你想提升自己的气场，那么在凝聚店员的时候，就不能停留在第一个层次上，要往第二个层次深入，让店员主动追随你。你可以通过以下几点来达到目的：

1. 放弃对权力的依赖

“我是店长，我有权力管理你们，所以你们就必须听我的！”

“你们是不是想造反了，我说的话你们就没有听到吗？”

“在我的手底下做事，要想跟我对着干，没门！”

……

很多店长在日常管理工作中，经常把类似的话挂在嘴边。他们这么做的目的很简单：不断地强化“我是店长，我有这个权力”的意识，并进而控制店员，让店员听从他的指派。店长这种不断强化的行为其实就是对权力的依赖。换句话说，如果他失去了这个权力，他将没有任何能力再把店员凝聚在自己的身边。

很显然，利用权力把店员凝聚在身边，效果并不是很好。有的店员可能阳奉阴违，而有的店员则明摆着和你对着干。要想真正提高自己的凝聚力，第一步就需要放弃对权力的依赖，把精力放在第二个层次。

要想放弃对权力的依赖，以下工作或许是你需要做到的：

☆ 说话最好不用以上对下的命令口吻。

☆ 管理工作应该以人为本。

☆ 了解店员的需求并尽量满足。

☆ 不以店长的身份胁迫店员。

☆ 放下高高在上的姿态，和店员平等共处。

☆ 做事情不自以为是，多听取大家的意见。

请问，以上这些工作，你做到了吗？

2. 信任氛围的培养

相互信任、气氛融洽的组织氛围，必然能感染新来的店员，使其迅速地融入团队。有一家知名店铺，其老板特别嘱咐店长，尽量想办法提高业绩，不要在乎花多少钱。有人担心店员会乱花钱，可事实上，店员并没有乱花钱，反而用较低的成本维护了许多客户，其业绩也提高了不少。相比之下，有些老板和店长，天天提醒店员要降低成本，生怕店员多花一分钱，自己却大手大脚，结果店员也在暗中想尽一切办法谋私利。很显然，老板的放权让店员体会到了信任，从而增加了对组织的情感认可；而从情感上相互信任是一个组织最坚实的合作基础，能给店员一种安全感，使其把组织的事情当成自己的事情，并以之作为个人发展的平台。

信任氛围的培养，可以使店长和店员之间进行顺畅的沟通，从而保持团队精神与凝聚力。因此，店长一定要注意观察店员之间的沟通情况，适时组织店员一起开会、活动、聚会，以增进彼此的信任氛围。当出现问题或者有困难时，要主动沟通解决，而不是推卸、逃避。

3. 交给下属一项“重要”工作

要想让店员觉得你信任、重用他，你可以交给他一项“重要”的工作。告诉他这项工作意味什么、它的重要性；然后让他知道自己需要做哪些工作来完成它；最后要鼓励他，表明自己对他的信任与肯定。这样不仅让店员明白你对他的信任与期望，而且还让店员有了一个明确的目标，尽快地投入工作中去，与团队共同努力。当取得胜利时，店长一定要首先表扬团队的力量大，而后对个人的表现做出肯定。这样方可让店员更加重视团队合作的重要性，从而更加自然地团结在你的身边。

4. 给予店员你的认可和尊重

作为管理者，不仅要让店员做一个合格的员工，而且要让他们强烈地认为自己是团队中不可缺少的重要一员，增强其责任感、归属感、成就感。

让店员认为自己是不可缺少的重要一员，并不是让他们产生“没有我地球就不转”的自大，而是让其产生“没有我家就不和美”的责任感。一个店员只有被认可后，才会更有信心，更大地发挥自己的能量，因此，店长一定要及时充分地肯定店员的成绩，对他们的工作要多表示赞赏。这些关爱与激励，足以让店员在不知不觉中忠于组织，放心地将自己置身于组织之中。

认可并尊重店员，还应表现在将店铺的主要情况告诉他们。当然不必具体到每一个细节，但是必须告诉他们真实情况。生意兴隆的时候要与店员一起分享成功的喜悦，店里有困难时也要让店员知道，大家一起克服。这样，店员才会觉得跟店长同在一个团队，同心同德。

店长对店员的认可和尊重，可以让店员得到精神上的满足。这些精神力量有时比物质力量更大，更能增强店员对店铺的正面认同。只要店员从精神上认可了店长和店铺，那么就不会想着和店长对着干，更不会轻易背叛。

5. 给店员一个希望

给店员一个希望，不仅仅能够帮助店员更好地工作，而且能增强店长的凝聚力。因为这个希望是你给他的，而不是别人给的。这个希望不能过高，也不能过低，而是一定要通过店员努力能够实现的，形象的比喻是“掂起脚能够得着的”。

这种希望会让店员感到自己的老板不仅关心自己的发展，而且对自己很了解，因此，最终真的成为店长所希望的那种人，并真心诚意地跟着店长。事实上，店长对新店员越是抱有希望，给予的信任和支持越多，他们干得就越好，也就越能成为团队中重要的一员。

第二节 值得追随，才有主动追随

在第一节我们讲到：凝聚力的本质是店员的主动追随。那么从店员的角度来说，他们凭什么追随你？答案很简单：你值得店员追随。他们觉得跟着你有奔头，能够给他们带来他们所需要的。

情景范例　店员和店长一起跳槽了

Luby 是某店铺的店长，在他一年前来到这个店铺的时候，店铺完全是一盘散沙。经过将近一年的管理，店铺的面貌已经大为改观，各项工作开展得井井有条，店员之间协同作战的能力也大为提高。

遗憾的是，最近一段时间，Luby 和老板之间在店铺发展战略上意见不一致，最终决定辞职跳槽到另外一个店铺。听说自己的店长要跳槽，店员们纷纷表示要跟着店长一起走，到另外一个店铺继续为店长效力。

尽管在这个过程中，老板和 Luby 一直在做这些店员的工作，希望他们留下来，可最终店员们还是选择了离开，因为在他们看来，跟着Luby干有前途。

店员跟着跳槽，这无疑是 Luby 强大凝聚力的最好证明。值得追随，才有主动追随。作为店长，要想提高自己的凝聚力，就应该思考一个问题：我如何让店员觉得值得追随？如果你还没有考虑过这个问题，不妨和我一起来讨论。

1. 多为店员考虑

店长的主要工作是保证店铺顺利运营，并保持业绩快速增长。在此你一定要避免进入一个管理的误区：你的主要任务是在店铺绩效上，并不代表你就可以不关注店员、不为店员考虑。

原因很简单：你忽视了店员，店员也将忽视你，不再配合你的工作。等到那个时候，无论你再花多少时间在店铺的工作上，你都只是一个“光杆司令”，没有店员愿意追随你、配合你。

多为店员考虑一点或许会给你的工作带来麻烦，但我可以肯定地告诉你：只要你做到这一点，你的凝聚力、气场就能得到大幅度的提升，店员就愿意主动追随你。小小的付出能够获得如此的回报，何乐而不为呢？

现在，请你把你认为应该为店员考虑的问题写下，并付诸行动：

____

____

____

2. 让店员满足于工作

店员最重要的任务是工作，如果实际工作能带给店员满足和成就感，那么对提高店长的凝聚力是非常有利的，因此，店长一定要及时发现和肯定店员每天、每一个细节的进步，常常给予表扬和支持。这不仅可以促进与店员人际关系的和谐，更重要的是能激发店员自觉发挥其才能的心理，把工作做得更好，更加愿意追随店长。

要让店员满足于工作，或许以下几点能够帮助你：

☆ 尽量满足店员的需求。

☆ 给予店员发展空间。

☆ 让店员觉得有归属感。

☆ 弥补店铺制度的不足，让店员快乐工作。

☆ 提升店员的满足感。

☆ 真正把店员当成兄弟姐妹对待。

3. 解决店员的后顾之忧

店员的后顾之忧主要来自家庭，而一个有后顾之忧的店员，就不可能全身心地投入工作。作为领导者，需要随时掌握店员“后方”情况的变化，如孩子入托、家人生病等，对经济困难的店员，除常规的精神安慰外，还要给予一定的经济援助。一个真心的帮助，不仅可以让当事店员感动、感谢，用实际行动来回报，更能赢得一片人心。

哪些后顾之忧需要店长帮助解决呢？

☆ 足够的发展空间。

☆ 失败的责任承担。

☆ 营销风险的承担。

☆ 日常生活的不足和忧虑。

☆ 对工作不熟悉而产生的忧虑。

每个店员几乎都有自己的“后顾之忧”，让店员带着这些忧虑去工作，犹如让他们背着沉重的包袱上路，一定走不快走不远的。现在，作为店长的你就应该帮助店员卸下这些包袱，让他们轻装上路，坚定地跟着自己“南征北战”。

4. 积极心态的塑造

态度是一个人对待事物的认识和看法，不同的态度将产生不同的行为。店员具备积极的职业心态将会对工作更加努力和热爱，对店长的追随也会随之提高。

许多店长在与店员谈话时均有同感，“我这么苦口婆心，他们为什么毫无感觉？甚至还会有抵触心理？”原因很简单：他们的心态并不积极。

现代人都渴望获得理解，作为一名店员更希望有人能倾听他的心声，而非家长式、教条式地说教。因此在塑造店员积极心态的时候，要多倾听、多赞美、多鼓励，不说教、少批评，肯定他们独特的品格，让他们找到事情好的一面，并以关怀之心告诉他们你的真正想法。如果能做到这些，店员自然会认为被理解、被尊重，甚至觉得老板很关心自己，做起事来也会更积极主动，更乐在其中。

情景范例　想“找死”的店员

莉莉是上海某大型书城的店长。一天，一位改制前刚从其他门店调到书城不久的店员王敏芳来到了她的办公室。莉莉刚要让她坐下，王敏芳就迫不及待地说：“店长，你把我调走吧！”一听这话，莉莉愣了，这是怎么了？急忙让王敏芳坐下，给她倒了一杯水，让她慢慢说。

王敏芳又重复说：“这里的制度让我痛不欲生，还请店长把我调走吧！”

莉莉看着王敏芳一副坚决的样子，想弄清楚究竟制度出了什么问题。于是，首先安慰了王敏芳，说有什么不合理，自己来解决。通过交流，莉莉了解到最近王敏芳家里出了一些事情，导致她情绪十分差，对周边的人都充满怨气，甚至认为死亡是一种解脱。

莉莉意识到了王敏芳的状态有多差，但她并没有批评王敏芳，因为她认为现在最重要的是帮助她调整心态，跟上团队。于是她耐心地给她讲了两个关于心态的故事，又和她谈人生，谈社会，谈自强自立。王敏芳最后哽咽地说了一句：“要是早点碰到您这样的店长就好了，我一直是一个没人理的‘问题店员’，其实我自己又何尝希望这样！”此后，莉莉经常找王敏芳谈心，帮她解决工作中的难题，王敏芳的精神面貌和工作状态都发生了明显转变。

5. 有竞争，才有激情追随

如果你的团队总是一潭死水，尽管表面上看起来风平浪静，可实际上每个店员都想要离开，因为他们在这里生活、工作没有激情可言，像你这样的店长他们也不会愿意追随。所以要想获得店员的主动追随、提高自己的凝聚力，应该营造一个适度竞争的环境，激发店员的积极性和创造力。

在店铺内部营造竞争氛围，想方设法让店员感受到压力，可以很好地激励其奋发向上。但是任何一种竞争机制必须做好两件事：一是竞争必须公平、公开、合理，否则就会适得其反；二是必须掌握好竞争的度，竞争的同时强调协作。否则就会变成争权夺利、互相拆台。这不是我们想要的结果。

现在，你想好怎么做了吗？

第三节　警惕凝聚力缺失的苗头

“以前不是好好的吗，怎么突然成了这样？”这是很多店长在遭遇店员的背叛之后问得最多的一个问题。情况往往是店长刚到任的时候，显得很得人心，慢慢的，凝聚力就开始缺失。

凝聚力到底在什么时候开始缺失的？这是我们要搞清楚的问题，只有如此作为店长的你才有可能尽最大的努力“查缺补漏”。换句话说，凝聚力不是一夜之间不见了的，在它开始流失的时候，会有一些苗头出现。作为店长，当你的店铺出现以下情况时，一定要提高警惕：

1. 店员离职频繁或异常

管理一个店铺，面对店员离职是难以避免的。老的店员辞职，也会有新的店员补充进来。不过，当你的店铺出现店员流动频繁的现象时，你就应该反省一下：是不是自己的凝聚力开始缺失了？特别是当出现以下几种情况的时候，你更应该注意了：

☆ 店员离职数量多，比如同时有 2 个以上的店员离职。

☆ 店员离职部门集中，比如食品组的店员集体离职。

☆ 店员离职时不够愉快，比如在离职时和你发生争执或者和副店长、班组长产生矛盾等。

☆ 店员离职时有诉求，比如要求一定的工龄奖励，你却无法满足。

☆ 店员离职时有过激行为，比如大吵大闹，给其他店员造成了负面的影响。

☆ 店员离职后成为强劲竞争对手，比如被竞争对手高薪挖走，从朋友成为敌人。

尽管店员离职异常并不是店长能够完全控制的，但当这种情况出现的时候，你还是应该自我反省，看看是不是自己在某些方面做得不对，导致凝聚力开始缺失。

2. 店员抱怨增多

店员的抱怨是店长凝聚力的“晴雨表”，抱怨增多，意味着凝聚力开始缺失，相反，抱怨减少，则意味着凝聚力加强。导致店员产生抱怨的原因有很多，不过有一点是肯定的：如果这些抱怨不消除，店长将不能很好地领导店员开展店铺活动，甚至还会导致对抗情绪的出现，让日常管理工作陷入困境。

对于店员来说，抱怨很有可能集中在以下几个方面，你应该时刻注意：

☆ 薪资不合理。

☆ 排班不合理。

☆ 店长处理矛盾不公平。

☆ 店铺活动设计有缺陷。

☆ 某位店员情绪不稳定而影响他人。

☆ 某位店员业绩不佳拖后腿。

☆ 店长或老板的承诺无法兑现。

☆ 工作量加大，奖金却停步不前。

☆ 加班次数增多、时间加长。

☆ 店长开展店铺活动没有为店员考虑。

☆ 店员培训不正常、无效果。

☆ 会议过多而无实际意义，无法解决问题。

导致店员产生抱怨的原因还有很多，以上只是比较常见的几种，作为店长，尤其要注意。当然，你可以通过仔细观察，找出易使店员产生抱怨情绪的因素，把它们写在下面的空格中：

____

____

____

3. 日常管理混乱

通过店铺的日常管理，店长的能力得到体现，凝聚力得到加强。当然，日常管理和凝聚力之间的关系是相互的：日常管理井然、有效，能够获得店员的认同，那么店长的凝聚力就能获得提高；相反，如果店长的日常管理松懈甚至陷入混乱，凝聚力就很容易受到削弱。

或许在你的日常管理中，很容易遇到下面几种混乱的情况，请对照自查：

☆ 命令混乱，比如老板和店长发出的指令不统一。

☆ 人员分配混乱，容易出现有的地方人扎堆、有的地方没人的情况。

☆ 流程混乱，比如结账流程混乱、退换货流程混乱、投诉流程混乱等。

☆ 执行混乱，容易出现无人执行或者执行不彻底、不到位的情况。

☆ 班组职责混乱，容易出现有的班组没有职责，而有的班组职责过多的现象。

☆ 机制混乱，比如沟通机制混乱、定价机制混乱等。

面对这些混乱的情况，你该如何应对，提升自身的凝聚力和气场呢？现在，我需要你根据以上的情况做出自己的应对，并把你的应对情况写在下面的空格之中：

____

____

____

4. 店员人心涣散

我们常说“人心齐，泰山移”，在店铺的经营活动中，如果店员的人心足够齐，店铺的经营活动就能得到很好的开展，店铺竞争盈利的可能性就获得很大的提高。相反，如果人心不齐，甚至各怀鬼胎，那么一切都将成空。再好的营销方案、再多的促销资源，都无法真正提升店铺的气场和店长的气场。

由此可见，作为店长，应该尽最大的努力，改变店员人心混乱的局面，为提升自己的凝聚力打下坚实的基础。

导致店员人心混乱的因素有以下几点：

☆ 竞争对手的强劲竞争。

☆ 营销优势消失或处于劣势状态。

☆ 店铺实行新的、没有获得店员认同的规章制度。

☆ 店铺的经营活动威胁到店员的切身利益。

☆ 某位店员或竞争对手散布不实谣言。

☆ 更换商品品牌或服务内容造成的不适应。

请问，如果你遇到了以上这几种情况，你该如何解决？不妨趁此机会好好想想，以便当你真正遇到这种情况的时候，能够做到从容应对。

第四节　凝聚力管理的两大工具

提升自我凝聚力，并不是一句简单的话。它不仅需要店长具备这样的意识，而且还需要实实在在的工具。店长在提升凝聚力的过程中，需要哪些工具呢？现在我就来告诉你：

1. 目标，指引店员前进的方向

如果你的凝聚力已经缺失，你对店员的领导力已经降到了最低，店员就处在一个没有领导、没有约束、没有方向的状态之中。现在，你该如何改变这种状况？最有效的工具是什么？自然是清晰明确的目标。

为什么目标是最有效的工具？原因在于它具有以下几个属性：

☆ 紧迫性，规定店员在什么时间内完成。

☆ 定量性，具有一定的数量要求。

☆ 指向性，引导店员朝一个方向努力。

当然，在使用这个工具的时候，一定要注意以下几点：

☆ 目标布置要明确、清晰。现在的目标对于你来说，已经不是业绩、利润了，而是一个明确的方向和凝聚力，通过这个目标，店员可以形成一定的追随力，所以在设置目标的时候一定要做到明确、清晰。

☆ 考核适可而止。因为你的凝聚力已经缺失，如果你硬是要求某个店员达到什么样的目标，反而不利于凝聚力的再次提升。

☆ 使用表格公示。凝聚力的缺失很有可能是信誉的缺失，这个时候一定要注意博取店员的信任，在使用目标工具的时候，可以采取公示的方法来获得店员的认同。

下面这个表格为销售目标工作表，你可以选择使用：

店铺：　　　　　　　　　　　　　　　　　　　　年　　月　　日

营业时间：　　至

员工名单	当天目标（总计）			时段目标				总计	备注
	重点产品	推荐产品	普通产品	第一时段	第二时段	第三时段	第四时段		
甲									
乙									
丙									
丁									
…									

此表是一个时段目标制定表格，它可以让店员清晰地看到每天的目标并为之努力。随着每一时段目标营业额的完成，员工的自信心就会被激发，情绪也会随之高涨。另外，可以使员工对工作有很强的紧迫感，让他们在每个小时都去追目标，从而在每个时段都能做到全情投入。这对于店长凝聚力的提升是非常有帮助的。

2. 进度，鞭策店员继续努力

有了目标之后，接下来就是执行。执行的过程中店长的主要任务就是控制员工的进度，从而达到以下效果：

☆ 纠正店员错误的执行，提高执行的成功率。

☆ 及时剔除店员不良的想法和行为。

☆ 监督店员实现自己的目标，防止半途而废。

☆ 对店员的执行情况进行跟踪、总结，以便做出更好的决策。

☆ 及时给店员鼓励，鞭策他继续努力。

在这里，同样可以使用表格进行控制，下面这个表格为进度调查记录表，你可以根据自己的实际情况修改使用：

______店 铺　　　　　　______年____月___日

店员姓名	任务目标	执行情况	改进措施	备注

第五节 凝聚力培养的三大契机

凝聚力的培养是一个长期而又艰巨的任务，需要你付出大量时间和精力。不过很多店长真正在这么做的时候，还是想到了一个问题：凝聚力培养是不是有特别的契机，能够达到事半功倍的效果呢?

从凝聚力培养的心态考虑，我们并不建议店长急功近利，因为凝聚力不是一天两天就可以培养起来的；不过在培养的过程中，确实有一些契机可以把握，从而帮助你缩短时间，获得更加明显的效果。

这种契机主要体现在以下三个时间段：

1. 人员流动，大浪淘沙

人员流动是凝聚力缺失的一个苗头，作为店长的你应该加以警惕；另一方面，它又是店长凝聚力培养的一大契机。正所谓大浪淘沙，让那些影响你凝聚力的店员、喜欢和你对着干的店员远离这个团队，剩下的都将唯你马首是瞻，听从你的调配。

人员流动包括两个方面：

第一，店员离职或者跳槽。他们之所以选择跳槽或者离职，除了自身原因之外，绝大多数情况就是不认同你、不愿意响应你的号召，这个时候，你趁机可以将这些人“剥离”出店铺，打造完全忠诚于你的团队。不过当你这么做的时候，一定要注意两点：一是控制人员流动规模，不要让极个别店员的离去影响其他店员的情绪；二是要适时拉拢剩下的店员，保证团队基本人员的稳定，否则你很容易成为“光杆司令”。

第二，店员调离你的团队或者店铺。这主要是针对大型店铺或者连锁店铺而言的，如果你认为某个店员总是和你作对、不愿意听从你的指派，甚至带坏其他店员，你可以使用明升暗降的方法将他剔出队伍，比如把他派到总部或者调配到其他店铺。这样做的好处就是能在短时间内帮助你提高凝聚力。但有一点你要注意：这种做法只适用于极个别人，而不能对多数人。

情景范例

“请”走了“作对专家”

萧逸是某餐厅门店的店长，他的手下有十几名店员，包括服务员、收银员、厨师等。在这些人当中，有一个让萧逸很是头疼，他是大厅的领班，也是这个店铺的元老级人物。据说老板开始创业的时候他就跟着了，只不过因为文化水平不够，所以到现在也才做了一个小小的领班。

虽然这位领班级别没有萧逸高，却仗着自己的资格老，总是和萧逸对着干，私下里被萧逸等人称为“作对专家”。然而尽管如此，萧逸也不敢拿他怎么样。正好有一次，餐厅老板说要萧逸指派一个人到另一个饭店当领班，萧逸立刻“推荐”了“作对专家”。就这样，“作对专家”离开了萧逸的团队。店铺业绩很快得到了提升，最重要的是萧逸的凝聚力也得到了提升，剩下来的这些店员都非常听从萧逸的指派。现在，萧逸做起工作来畅快了很多。

2. 店铺危机，多难兴邦

当店铺处在正常发展轨道的时候，店员之间很容易因为自身利益的问题勾心斗角，久而久之，店长的凝聚力很容易遭受削减。如果这个时候店铺遭受了危机，店员很容易被动员起来一致对外，原先的不和、对峙情况很快得到缓解，店长的凝聚力就能在短时间内得到提升。

当然，危机只是一个契机，关键还是要你懂得利用。那么在利用这个契机的时候，你该注意哪些问题呢？

☆ 明确告诉店员危机的实际情况，为争取店员的支持打下坚实的基础。

☆ 给店员指派任务，博取他们的理解和支持。

☆ 给予正确的引导，鼓励他们放下争斗，一致对外。

☆ 给他们创造契机，把原本争斗的双方调配在一起执行任务。

☆ 在解决危机之后，对店员进行表彰，提高他们的主人翁精神。

☆ 引导店员“劲往一块儿使”，把眼光放在店铺的大局上，而不是自我小利益上。

当然，除了以上几点之外，还有很多工作你可以做，现在，不妨思考一下，当店铺出现各种危机的时候，你还可以做些什么来提升自己的凝聚力呢？

____

____

____

3. 店铺活动，磨合协作

提升店铺的凝聚力，除了店长本身要努力改善自我、提高自我魅力外，还有一项工作一定要做：给店员创造机会，磨合协作，从而提高他们的协作能力。这里的机会可以分为两种：

第一，店铺员工的集体活动，比如聚餐、旅游、游戏、晨会交流等。

第二，店铺经营活动，比如促销、货物盘点、改变陈列模式、出差等。

通过这些活动，能够提高店员之间的团队精神，也为他们通力合作创造条件。这一切，都是作为店长的你给予的，显然他们会觉得这是你的功劳，从而更加愿意团结在你的周围，拥护你、支持你的工作。

8 第八章

气场型管理，让你不怒而威

店铺管理，就是一个繁杂的过程。店铺规模越大，店员数量越多，彼此之间的关系越复杂，“乱麻”就越多，管理就越难。作为店长，工作很多，时间有限，如何能在最短的时间内把事情解决，是摆在你面前的一道难题。

面对这道难题，你该如何解决？或者你寄希望于“快刀斩乱麻”？事实证明，“快刀”看似把“乱麻”解决了，实际上不但没有解决，而且还给店铺埋下了不安定的因素。只要时机一到，这些不安定因素就会爆发，给你的管理带来更大的危害，比如店员的离职、对手的入侵、关键人员的叛逃、资料通过内部渠道泄露等。要想真正解决这些问题，店长必须做到不怒而威。这是一个管理的理想境界。如何才能达到这个境界呢？在接下来的学习中，你会有所收获的。

第一节 气场型管理的“四个原则”

不怒而威，这是管理的至高境界，谁都想达到，但事实上如愿以偿的管理者却很少。影响管理成效的原因有很多，但有一点是可以肯定的：这些管理者的管理理念、管理方式甚至是管理过程中的执行细节都有可能存在问题。要想在短短的篇幅当中，把这些问题说清楚，难度很大。不过，倒是可以帮助店长掌握气场型管理的“四个原则”。

1. 要耐心，拒绝简单粗暴

经过一段时间的管理工作之后，你很有可能产生这样一个认识：店员个个都不是省油的灯。和这些人相处，对他们进行管理一点都不轻松。如果你使用简单粗暴的方法进行管理，结果可想而知。

耐心，最重要的是有耐心，用你的耐心来换取管理的效果。

请问，你是一个有耐心的店长吗？如果是，你认为自己的耐心体现在什么地方？如果不是，你认为自己在哪些方面过于简单粗暴？把你反思的结果写在下面。这个工作你一定要完成，对于改善你的管理效果有着非常大的帮助。

____

____

____

如果你是一个不够有耐心的店长，不妨提醒你一下，在以下几个方面，需要你的耐心：

☆ 了解事情经过的时候。

☆ 了解店员想法的时候。

☆ 解决店员双方矛盾的时候。

☆ 制订促销方案及备用方案的时候。

☆ 为顾客解答疑问的时候。

☆ 宣传店铺的时候。

☆ 向店员解释活动方案的时候。

☆ 帮助店员解决实际困难的时候。

☆ 对店员进行培训的时候。

☆ 倾听店员抱怨和不满情绪的时候。

☆ 征求店员意见和建议的时候。

2. 不小看任何问题

要想管理好自己的店铺，除了要有一定的耐心外，还需要你对店铺管理加以重视。这句话什么意思呢？就是说在你的心目中，要重视店铺管理，而不应该仅重视获取利润、和竞争对手打价格战等。

什么叫重视？简单点说就是不要小看任何问题，哪怕是很小的问题，比如店员的不满、抱怨及店铺内发生的小事等，你都不应该遗漏。不遗漏并不代表你什么事情都要问个明白，那样不仅会把你累坏，管理效果并不好。重视店铺管理，关键还是要上心。

情景范例

麦当劳的情绪宣泄渠道

麦当劳为店员提供发表意见及宣泄抱怨的正当渠道，采取了几种做法。首先，麦当劳每年举行一次不记名的“店员满意度调查”，让各分店、各门市的店员，对店务及主管发表自己的看法与意见。

同时，麦当劳各分店都设有“同人意见箱”，店员对公司政策、营运程序有正面或负面的意见，或是想申诉、提出新点子，都可以投递已付邮资意见卡给管理者。

但是，不定期的绩效考核，才是麦当劳解决店员抱怨的秘密武器。不定期考核的方式，即请店员与部门的主管一同参与，为店员评定绩效。首先，由店员衡量个人表现，自评绩效，给自己打分数，同时请直属主管也为店员评定分数。然后借这个机会，请店员个别与其主管讨论，店员能听听主管对自己的表现有何看法，若有什么意见，也能提出来与主管沟通讨论，一切开诚布公。

此外，若店员有严重的抱怨，麦当劳会针对事件中的特定对象或目的，举办“临时座谈会”，跨越该店员的直属主管，由第三者来主持座谈会，收集店员与主管双方的不满意见，予以调停，谋求在座谈会中当场解决。

3. 懂得讲究管理技巧

无论是企业管理还是店铺管理，说到底都是人的管理。涉及人的问题，就等于涉及人的情感问题。要想把店铺管理好，首先就要把人的感情给理顺，让店员主动配合你，而不是你眼巴巴地要求他配合。

这就需要你使用一些管理的技巧，“捋顺”他们的“毛”，让他们乖乖听你的话，尊重你，从而提升你的气场。什么是技巧？不妨看看下面这个案例中的店长，相信你会有所收获。

情景范例

激动万分的店员

有家店铺的店员兢兢业业，取得不俗业绩，店铺决定奖励他4万元。年终，店长把他单独叫到办公室，对他说：“由于本年度你工作业绩突出，店铺决定奖励你1万元！”店员非常高兴，谢过店长后开门要走，店长突然说道：“回来，我问你件事。今年你有几天在家里，陪了你妻子多少天？”该店员回答说：“今年我在家不超过100天。”店长惊叹之余，拿出了1万元递到店员手里，对他说：“这是奖给你妻子的，感谢她对你工作无怨无悔的支持。”然后，店长又问：“你儿子多大了，你今年陪了他几天？”这名店员回答说：“我儿子今年6岁，今年我没有好好陪过他。”店长“激动地”又从抽屉里拿出1万元钱放在桌子上，说：“这是奖给你儿子的，告诉他，他有一个伟大的爸爸。”该店员热泪盈眶，千恩万谢后刚准备走，店长又问道：“今年你和父母见过几次面，尽到当儿子的孝心了吗？”该店员难过地说：“一次面也没有见过，只是打了几个电话。”店长感慨地说：“我要和你一块儿去拜见伯父、伯母，感谢他们为店铺培养了如此优秀的人才，并代表店铺送给他们1万元。”这名店员此时再也控制不住自己的感情，哽咽着对店长说：“多谢店铺对我的奖励，我今后一定会更加努力。”

同样是奖金4万元，如果放在你的手上，可能一下子全拿出去了，尽管对店员也有激励作用，但效果远没有这么大。这名店长在使用了一些小技巧之后，结果就大不同了，不仅起到了激励的作用，而且也使得店员对他、对店铺死心塌地。

4. 等待并创造契机

完美的管理不是随时随地都可以出现的，它需要一定的契机。说到契机，你可能会说“我正等着呢”。是的，契机需要等，但我要告诉你的是，它更需要你去创造。正如人们常说的：一个平庸的店长总是在等待机会，而一个卓越的店长总是善于创造机会。要想通过完美的管理来提升你的气场，创造契机的意识和举动不能缺少。

如何创造契机？或许下面几点可以帮助你：

☆ 根据自己的需求创造契机。

☆ 根据店员的表现创造契机。

☆ 根据外在环境的改变创造契机。

☆ 根据店员之间的矛盾创造契机。

☆ 根据顾客的投诉、抱怨创造契机。

☆ 根据自己视察的情况创造契机。

第二节　有效沟通，气场型管理的铺垫

没有沟通就没有管理，这句话包含了两个方面的意思：沟通在管理中的重要性以及前期性。重要性自不必说，曾经有管理专家给出了这样一个结论：80/20 法则，即店长在管理工作中，80% 的管理效果是通过沟通获得的。前期性是指店长要想对店铺进行有效的管理，第一步要做的工作就是进行各方面的沟通，沟通到位了，管理就成功了一半。

1. 沟通的前提是平等

店长尊重店员，店员就会尊重店长。在沟通过程中，店长一定要明白双方的地位是平等的，无论讲话的语气、语调，还是一些举动，都要首先保证尊重对方，尤其是绝不能打断对方，这样才能进行沟通。否则，会令店员产生反感。沟通是双边活动，只有感情上贯通，才谈得上信息的交流。

遗憾的是，很多店长总觉得自己是店员的领导，无论说话还是询问情况，总是咄咄逼人，这样不但沟通效果不好，还容易引起店员的反感，使其处处和你作对。

现在，自我反省一下：在你和店员沟通的时候，是否存在类似的情况？

2. 沟通要讲究“双向原则”

沟通不是一个讲，一个人听。作为店长，你既要讲，也要听对方说，只有沟通双方表达出各自的想法，才能从根本上发现问题并及时找出存在问题原因，从而有效地解决问题，为提升自己的气场打下坚实的基础。这就是我们平常所说的“双向沟通”。

在这里，你如何说不需要讲得太多，你更应该注意的是要如何倾听。做到这一点很重要。我们可以从两个方面去理解：

第一，引导店员说得更多。倾听是一门艺术，倾听更是一次心灵的交流与碰撞。从心理上分析，人都有强烈的被认同的需求。通常情况下，良好的倾听是不轻易打岔或反驳。如果只是敷衍而木讷地听对方讲述，也是不行的。良好的倾听是真的用心在听，要适时地给予回应，以引起对方的注意与说话的欲望。

第二，彰显自己的气度。倾听反映的是店长对店员的态度，如何倾听牵涉的则是店长的水平，喜欢倾听的人应该是有内心力量的人，从倾听中可以产生某种归属和赞同的感受。通过倾听，双方的思想可以互相渗透和相互融合，慢慢地凝聚力也就聚集起来，店员就会把内心的那一票投给自己的知己——店长。

3. 理性沟通很有必要

在和店员进行沟通的过程中，一定要避免带有私人情绪，理性对待才会有良好的沟通效果。因为带有情绪的人，往往连自己都理不清思路，更谈不上让别人明白，甚至在对方反复询问、质问的时候，很容易冲动、失去理性。不理性的结果只有争执的份，不会有好的沟通效果。所以，这种沟通无济于事。而情绪冲动时做出的决定，也将是不正确的，很容易让事情不可挽回，令人后悔！

理性沟通的话术主要有以下几类：

☆“我想了解一下事情的经过，你能跟我好好说说吗？”

☆“我的想法是这样的……不知道你是怎么想的？”

☆“我想听听你的意见……”

☆“你能明白我的意思吗？”

☆“我们的目的是解决问题，好吗？”

☆“咱们一起来面对这个问题，好吗？”

☆“相信我，我会解决好的。”

4. 换位沟通更顺利

什么是换位沟通？简单点说，就是站在别人的角度上思考问题。每个人因自身定位、经历、环境的不同，对事情的看法也不可能完全一致。作为店长，不要只从自身出发去考虑问题，而要从店员的角度去考虑问题，多了解店员的看法并听取他们的建议，从他们讲话或行为的动机去考虑，才能真正理解对方，得出的结论才能更符合实际，沟通才会更加顺利地进行并取得更好的效果。

5. 妄下结论最有害

在你表达自己的意见和态度之前，一定要先听完说话者的想法。在别人说话时不要试图去猜测对方的意思，等到他讲完，自然你就都明白了。打断别人的讲话，妄下结论，既是不礼貌的行为，也是自以为是的表现。这种行为极易引起店员的反感，对后续的沟通工作产生极为不利的影响。

要避免妄下结论的错误，你应该少说以下几种话：

☆“你就是想……”

☆“你的意思就是……”

☆“不用说了，我明白了……”

☆“不、不、不，你说得不对……”

☆“你先听我说……”

☆“你不用说了……”

6. 清晰、简洁地表达

良好的倾听使我们获得了大量有益的信息，可以更好地理解对方，可以赢得信赖和支持。在听清、听懂对方的基础上，在表达自己意见的时候，要注意以下几个问题：

第一，目的明确、思路清晰的表达是形成良好沟通的前提。在与店员进行交流之前，店长应考虑好自己想要表达的意图，抓住中心思想。在沟通过程中要使用双方都理解的用语和示意动作，并恰当地运用语气和表达方式，措辞不仅要清晰、明确，还要注意情感上的细微差别，力求准确，使店员能够正确地理解。

第二，选择有效的沟通方式。比如会议、电话、亲笔信件、电子邮件、面谈等。如果是一般的说明情况的信息沟通，通过信件、电话、邮件就可以解决；如果是为了交流感情和增加信任，则应该在合适的时间、地点面谈为好。

第三，确定沟通的对象。在确定了沟通对象后，一定要对他们做一些了解，比如他们的观念、需要以及情绪等。

第四，确定合适的沟通时机。沟通要讲究“天时、地利、人和”，时间非常重要。

7. 及时准确地反馈

对于一个完整的、有效的沟通来说，仅仅只有倾听和表达环节是不够的，还必须有反馈，即信息的接收者在接收信息的过程中或过程后，及时地回应对方，以便澄清表达和倾听过程中可能的误解和失真。这里主要有两种情况：

第一种，当店员是信息发布者时，店长在倾听后就要给予反馈，这时店长要做到：①站在店员的立场和角度上，针对其最需要的方面，做出反馈；②给予的反馈要明确、具体，而不是模糊不清的、空洞的；③反馈意见时，店长要用建设性、鼓励的口气，而不是批评、说教；④积极地反馈是就事论事，对事不对人，绝对不能触及店员的面子和尊严。

第二种，当店长作为信息发布者，在接受店员的反馈时，店长要做到：①耐心认真地倾听店员的反馈意见，而不能中途打断或者拒绝接受；②当听到反对的意见时，不要急于争论；③不论店员是什么态度，店长一定要表明自己的态度，比如理解、同意、赞成、支持、不同意、保留意见、怎么行动等。不明确表示自己对反馈的态度与意见，对方会误解你没有听懂或内心对抗，这样就会增加沟通成本，影响沟通质量。

现在，你可以扪心自问一下，你在和店员沟通的时候是这样的吗？如果不是，希望你改正。

第三节　新店长的管理，需要成熟思考

“美国店铺和小企业联合协会”曾经做过一个调查，结果显示：在新任店长中，有61%的店长干不过三个月，有11%的店长会在上任一个月内离职。

并且这个调查还显示：在这些离职的店长当中，有将近75%的人是因为在管理工作中缺少成熟的思考，不适应店铺的管理工作。

这个调查说明了一个什么样的问题？对于新上任的店长来说，要想做好管理工作，更是难上加难，快刀斩乱麻不仅不管用，而且还有可能让自己陷入“不够沉稳”、“胡乱管理”的陷阱。导致这种情况出现的因素总的来说有以下几点：

☆ 管理环境不熟悉。

☆ 管理经验不足。

☆ 人力基础不牢固。

☆ 店员不够配合。

由此可见，对于新上任的店长来说，要想做好管理工作，除了需要耐心、技巧外，还需要成熟慎重的思考。它是店长顺利度过“管理危险期”的保障，也是店长提升自我气场的坚实基础。

看到这里，你可能要问了：如何才能有成熟的思考？别着急，接下来我们就来说说这方面的问题。

1. 要关注“全局性”

全局性，就是稳定性。新官上任可以“烧”三把“火”，但一定要记住：这三把“火”不能威胁到店铺的稳定，否则后患无穷。当然，如果你的店员欺负你是个新手而故意和你对着干，千万不能手软。因为你手软，他们就觉得自己“翅膀硬了”，时间一长，同样会威胁到全局，影响你的管理和气场。

情景范例

保安班组反了天了

林夕最近当上了一个大型店铺的店长。林夕在上任一个星期之后，就发现了店铺班组之间存在着严重的问题，甚至有对立的情况。在15个班组当中，能干实事的寥寥无几，且大多效率低下，管理不善。要想改变这种情况，必须对这些班组进行改革，裁撤冗员。

就在林夕把这个决定公布出去的时候，遭到了保卫班组的挑战。保卫班组势力强大，不仅占用了四间办公室，而且个个待遇优厚，唯独不干实事。店铺商品丢失现象时有发生，甚至还有内盗的情况，屡禁不止。他们之所以势力这么强大，原因在于一点：他们都是店铺老板的亲戚、老员工，后台比较硬。

林夕知道保卫班组很有背景，但如果容忍保卫班组我行我素、目中无人，那么自己以后的工作将很难开展，其他店员也不会服气，于是她打算拆除保卫班组的小圈子，彻底击垮这个“特殊王国”。

林夕下令，限保卫班组于第二天下午6点前将其占用的四间办公室腾空，搬到指定的一间房子里。她知道这道命令必然会招来保卫班组强力的抵制。

果然，保卫班组的成员连夜开会，商量对策，决定“集体上诉”，到店铺老板那儿去告林夕的状。而林夕在此之前，就把想法和店铺老板说了，得到了老板的支持。到了第二天中午，他们仍然占用四间办公室，不肯搬迁，与林夕保持着僵持状态。林夕知道这小圈子的实力，也知道自己可能会因此而遭到他们的记恨，但为了店铺利益，为了自身命令的有效性，她没有退却。

林夕马上召开全体店员大会，在会上，林夕公然宣布：如果保卫班组再不搬迁，就罢免其领导，甚至解散这个班组。这一招果真灵验，谁都不愿丢了自己的乌纱帽，班组长在即将宣布罢免令的最后一分钟终于屈服，开始搬迁。

从此，来自保卫班组的阻力被彻底破除了，其他科在林夕改革之剑的寒光下也不敢再有任何抵制情绪，规规矩矩地执行林夕的命令，机构改革的速度不断加快，为店铺的销售创造了良好的条件。

试想，如果保安班组的这个势力不铲除，店长林夕的管理工作能顺利开始吗？以后这些人“无法无天”的行为能不危害到店铺营销的全局吗？事实证明，林夕的做法是正确的，她做出的这个决定是经过慎重思考的，也是成熟的。

2. 了解店员个体的“差异性”

店员们在店铺里所做的工作大同小异，但每个店员都是独立的个体，有着自己的个性和脾气。作为新店长，你可能还没有对这些店员真正了解，那么在管理的时候，就很有可能和他们产生局部的、深浅度不一的冲突。

那么如何解决这个矛盾呢？下面的方法或许能够帮到你：

☆ 在上任之后，和每个店员进行面对面沟通，以了解他们的差异性。

☆ 上任之后，设定一段时间的“试运行期”，如有不妥，立刻改正。

☆ 设定“无障碍”沟通机制，让店员的想法及时传达给你。

☆ 每次开会、开展活动的时候多听取他们的意见和建议。

☆ 让店员自行选择“合适的岗位”，最终由你来定夺。

☆ 进行立体、全方位的观察，并做好相应的记录。

3. 明白以往经验的“不同性”

在你成为店长之前，或许已经积累了很多店铺经营方面的经验，不过你也清楚，这很有可能只是你“单兵作战”时的经验，现在你的情况改变了，不再是“单兵作战”，而是带领自己的店员“协同作战”，那么以前的经验还适用吗？不见得。

积累经验，是一个长期的工作，很难在短时间内完成。但并不表示在这段时间之内，你就无法很好地开展工作，进行缜密、成熟的思考。那么具体该怎么做呢？

☆ 借鉴前任店长的经验。

☆ 寻求有经验的店员的协助。

☆ 阅读相关书籍，寻求帮助。

☆ 进行思考和比对，找到解决方法。

☆ 组建“智囊团”。

☆ 决断之前多问几个“为什么”。

请问，在你觉得自己经验不够或者可能有错的情况下，你是如何解决的？

____

____

____

4. 偏向管理和执行的“可靠性”

作为一个新店长，做事情不应该急功近利，而应该偏向稳妥、谋求尽早扎下跟，即温和管理。在这里我可以给你用一个比对来说明问题：

一个店长，在短短的一个月时间内，做出了100个决定，事后证明有30个决定是正确的；另一个店长，在同样的时间只做出了10个决定，事后证明有9个决定是正确的。那么请问，哪个店长更容易获得店员的认可、更有气场？答案无疑是后者。

新官上任，无论是做出管理的决定还是执行的决定，要求稳，而不要求多。你只有做出可靠的决定，管理工作才能顺利开展，才能快速提升自我气场。

5. 谨慎对待“小报告”

在店员管理中，你可能经常会遇见店员之间的矛盾，有的是店员把矛盾交上来让店长评断，有的是店员是直接到店长那里反映情况，其实是告状。对于店员间的矛盾，尤其是一些店员递上来的“小报告”，作为店长的你一定要慎重对待，不可让其在店铺内形成一种风气，影响你的成熟思考。

情景范例 **耳根子软的店长**

店长张磊本来带了一支很有生机的店员队伍，每一个店员都想干一番事业，可是他没能用远大目标来引导大家奋发向上，反而总是把几个人在他耳边的嚼舌放在心上。

有一次，他派两个店员去做一个市场调查，其中一个回来和他谈的都是调查开展的情况，而另一个人，却同张磊大谈路上他和另外一个店员之间的矛盾，说他们俩的习惯是如何不同，他多么能吃苦，不计吃、住的条件，而同伴则是特别挑剔的人，特别难侍候，主张不能用这种人。作为店长，他听了这位店员的“小报告”，竟然不听另一位当事人的申辩就把他辞退了。

后来，有一位经验丰富的老店员来应聘，由于老店员非常有能力，店长就想重用他。这引起了另外几个人的嫉恨，他们在张磊耳边吹风，说那位老店员虽然有能力，但是人品不怎么好，与同事关系紧张等。张磊轻信了他们编造的谣言，结果放弃了一位有能力的人才。经过这几番折腾，店员队伍立刻虚空，剩下的是那几个只会煽风点火的店员，店铺的效益越来越差，直至关门。

第四节 走好“公平”这根平衡索

“店长，你不公平。”

“如果你无法做到公平，我们就不干了。”

“不患寡而患不均，这就是我们所担心的。”

……

类似的情况在很多店铺存在，不公平，已经成为店长管理的一个死结。你能否打开这个死结，将一定程度上影响你的管理气场。在店员的管理工作中，无论是店长本身，还是店员，都一再要求做到“公平公正”。这看似一个非常合理也非常简单的事情，却在很多时候难倒了你我。

绝对的公平是没有的，我们能够做到的是相对公平，能够做到这一点，就已经非常不错了。如何做？这就是接下来我们要解决的问题。

1. 了解真相前不轻易断言

真相到底是什么样的，除非你也是当事人之一，否则你很难在短时间内了解，也不可能通过某些人的片面之词对事实有全面的认识。在处理店员矛盾、对店铺事务进行管理之前，如果你无法确定自己是否已经了解了真相，最好不要轻易断言谁是谁非，否则很难做到公平、公正。

记住，不能听一面之词，这是保证公平公正的第一步。

情景范例　对不起，我不能听一面之词

一天下午，店长露露手下的一位店员雨婷敲开了她的房门，要求与她私下谈谈，显然有什么事情在困扰着雨婷。店长明白她肯定遇到了什么麻烦，于是就示意她说下去，并做好了倾听的准备，雨婷就滔滔不绝地谈起她与敏洁之间的冲突。

雨婷说，敏洁欺人太甚，她专门踩着别人的肩膀向上爬。特别是，敏洁为了使她难堪，故意把持住一些重要的信息，而她正需要这些信息来充实报告。更甚的是，敏洁竟利用别人做的工作为自己沽名钓誉。这期间，店长没有发表任何意见，表情也很严肃。

雨婷最后对店长说：“你必须对敏洁的态度采取行动，而且必须尽快行动，否则的话，将会有好戏看的。”刘店长听出这是对自己的警告，她明白自己遇到了一个微妙的局面：两位店员之间的冲突。她也明白这个问题处理起来将会非常棘手，处理的结果必须让双方都满意，否则矛盾还有可能进一步激化。想到这，她对雨婷说：“你放心，这个问题我一定会处理好的，不过我不能听你一面之词，我还是要调查清楚才能做出判断，所以先请你回去工作吧。”

听了店长的话，雨婷表情漠然地离开了办公室……

很显然，案例中的店长露露的做法是正确、可取的。她没有因为雨婷一个

人的说法而做出决断，也没有受到雨婷义愤填膺的情绪而对另一名店员敏洁有任何负面的想法。从这个角度来说，露露是一名成熟的、有气场的店长。

请问，如果遇到类似的问题，你的表现是什么，你的处理方法又是什么呢？

2. 让“制度”说话

俗话说得好，没有规矩不成方圆，事实上，在店铺管理中，没有规矩就没有公平。这里的规矩，主要是指店铺的规章制度。这个规章制度可以是同行通用的，也可以是你的店铺所特有的。不过有一个基本条件要符合：这个制度已经获得了店员的认可，并且确实能够保证公平公正。

你的店铺是否有这样的规章制度呢？如果没有，不妨趁这个机会，制定一个。在制定规章制度的时候，要讲究些什么呢？总的来说有以下几点：

◎ **制度要可行**

任何条文都必须是可以执行的，不能执行的条文和规定必须立即废止。因为它在实际情况中不能执行，会破坏规章制度的权威性。同时，制度应该使每位店员在执行过程中体会到一种力度，即都要付出努力。

◎ **制度要具体**

一个规章制度如果过于抽象、笼统，缺少具体的条文和实施细则，那么执行起来就会有一定的难度。一些制度之所以无法落实，正是因为这些制度是包罗万象的抽象性规定。尽管内容丰富，覆盖面广，精神主旨正确，但一接触具体问题，便难以对号入座。例如，有的店铺规定上班时间“要严格”，这就过于抽象，不容易具体实施，如果规定为“不得早退，否则……”将明确的违规处罚列出来，要比“要严格”更具体，实施起来也会有效得多。

◎ **制度要有弹性**

规章制度都应有一定的精确度，在精确度允许的范围内称为弹性。因为不存在任何一种规定可以精确地限定一种事物，所以规章制度的弹性原则是必要的。但是，这种弹性又是有限的，是积极的原则。制度的弹性不能过大，要明确制度上量的尺度和质的依据，使之容易具体操作，避免执行时走样和变形，避免执行过程中的随意性。但制度的弹性也不能过小，那样会造成制度过于死板和苛刻。我们把握好这一原则，不是留一手，而是多准备一手；是为了提高效率，增加解决问题的可能性。例如，某店铺有“超过上班时间5分钟为迟到”，5分钟则是一种弹性的体现，是考虑到在上班来的路上可能堵车、下雪等特殊情况而制定的一个条款。

◎ 执行制度要公平

规章制度都具有“无例外原则”。有店员违反而不受惩罚，是对其他成员的不公平，也显示出制度本身的苍白无力和虚伪性。在规章制度面前人人平等。诸葛亮曾经说过一句话，翻译成现代汉语就是：“我的心就像一杆秤，不为他人作轻重。不能做到‘公平’二字，就无以取得人心。”所以，制度一经通过，老板就必须带头遵守。

3. 组建“评定委员会”

如果通过以上两个步骤，你还是无法做到公平、公正，那么不妨启用第三步：组建“评定委员会”。所谓“评定委员会”，顾名思义就是使用委员会的形式来评定矛盾，以保证矛盾双方都能得到公平、公正、合理的待遇。

只不过这种形式的评定比较麻烦，而且如果把它用来评定一些小矛盾，似乎有些“大材小用”。当然，前面我们已经说过：任何小细节如果不加注意，都会酿成大的灾难。所以，如果你觉得需要使用这种方式进行评定，那就大胆地去做吧，不要因为事小而放弃。

4. 不做有“猫腻”的事

“猫腻”，说到底就是见不得人的事情。你的管理中一旦存在这种事情，并且被其他店员发现，不公平、不公正的情绪就会蔓延，你的气场就会受到很大的削弱。以后尽管你没有再做有“猫腻”的事情，店员也还是会怀疑你是否动了手脚。

情景范例　凭什么他底薪比我高900元？

于静去年进入一家小有名气的店铺工作。这家店铺实行工资保密制度，也就是说一般情况下，店员之间相互都不知道彼此的收入。于静对这份工作还是很满意的，一方面店铺人际关系和谐、气氛轻松，工作虽累却很舒心；另一方面就是薪水也不错，底薪每月3000元，还有不固定的奖金。

于静一门心思扑在工作上，经常加班加点，而且确实取得了显著的成绩。同事们都很佩服她，店长也很赏识她。年终考核，店长对于静的工作予以了高度评价，并告诉于静店铺将给她加薪15%。听到这个消息，于静高兴极了。这不仅是钱的问题，更是店铺对她业绩的肯定。

同年进入店铺的林红却高兴不起来，因为她今年的业绩并不好。午饭时两人聊了起来，林红唉声叹气地说："你今年可真不错，不像我这么倒霉，薪水都加不了，干来干去还是3900元，什么时候才有希望啊。"

猛然间，于静意识到，原来林红的底薪比自己高900元。她对林红并没有意见，可是她想不通，即使不考虑业绩，两人同样的岗位，林红的学历、能力都不比她强，为什么工资却比她高这么多呢？她不仅感到不公平，而且有一种被欺骗的感觉：原来一直以为自己的工资不低了，应该好好干，哪知原来别人的工资都比我高。

起初于静对自己的工作薪酬都相当满意，并且工作努力。可是，工作了一年后，她却发现与她一起进入店铺且与她年龄、学历相当的同事，每月的底薪竟比她多了900元。她很失望，感到不公平，自然对工作产生不满情绪，不再像以前那样卖力了。

5. 引导店员开阔心胸，不斤斤计较

前面我们已经说过，要想做到绝对的公平是很难的，我们能够做到的只有相对公平。同样的道理，要想时时刻刻都去衡量、判定自己的做法是不是公平也是很难的，我们只有引导店员开阔自己的心胸，遇到事情不要斤斤计较，才能减少自己的工作量，减少"不公平"的情况。毕竟，店员之间如果发生了矛盾而双方都不计较，也就无所谓矛盾，无所谓公平与否了。

如何引导店员开阔心胸呢？对于不同的店员，会有不同的方法。现在，不妨根据你店铺人员的实际情况，拟定一个方案吧！

第五节　“老好人”做法要不得

很多人并不愿意当店长，因为管理是一件得罪人的事情。特别是在管理店员的过程中，得罪人的情况更是时有发生。得罪店员，轻则引起店员的不满，重则损失人才，给店铺的发展制造障碍，最重要的一点是削弱店长的气场。

到底该怎么办?

很多人想到了一个方法：都不得罪，当老好人。他们以为谁都不得罪的结果就是一种强势气场，事实上正好相反，“老好人”是种弱气场。原因很简单，老好人就是软面团，谁都可以根据自己的需要随便捏，员工再怎么犯错，你也不会说一句话、做一次惩罚。请问，这样的管理还有意义吗?

“老好人”式的管理方式等于告诉你的店员：我不在乎你们的工作成绩，也不在乎你们的工作态度。既然如此，你的店员也就更不会在乎了，那么，店铺的绩效也就可想而知了。店长不能做“老好人”，要在错误发生后立即加以责备，要明白地指出店员错在哪里，并用坚定的口气告诉他们——他们错了！只有这样，才能让店员意识到自己犯了错误，进一步改正错误。

美国四星上将巴顿将军曾劝告别人：对犯错误者应该立即责备。每当他的部下犯错误时，他也会立即让他们知道自己犯了错误。他曾经说过这样的话：“虽然我不能在战斗训练中杀人，但是我会让那些犯错误的人因我发怒而情愿死去！”巴顿将军的这种观点，在今天仍然有着积极的现实意义。

那么店长如何在当“老好人”和“巴顿将军”之间做到“合理合法”、“有度有情”呢？以下几点或许能够帮到你：

1. 要批评，但要善意

任何人都会犯错误，店长在批评时，要心怀善意。哪怕是面对犯了不可饶恕的错误的店员，也应如此。如果批评不是善意的，就将成为制造店员与店长之间矛盾冲突的导火索。假若店长长期对某个店员的工作不满，久而久之就会对这名店员产生成见，如果这种个人成见在批评时表现出来，就会让店员怀疑你的批评动机。

目前在一些店铺里，不少店长对人力资源理论说起来头头是道，也常用“以人性化去关怀店员”来吹嘘店铺对店员施行的高效先进的管理，但在批评教育店员时，往往缺少善意，摆出高高在上、无人能及的态度，这只会激化上下级之间的矛盾。

批评教育，面谈最好能怀着善意，以双方达成共识的友好方式终结，找到问题的症结和根源，并着手策划拯救性方案，尽可能地分解错误形成的张力和负面效应。经常看到店员从领导办公室出来都是一副垂头丧气、哀莫大于心死的样子。这样的店长在乎的是错误的责任由谁来承担，往往店员挨批之后，也就不了了之。可见这样的面谈都是失败的，不具有可取性。

2. 查清事实，客观批评

店员的失误有可能是他本人一时疏忽大意造成的，也有可能是不可抗拒的外力所致，所以弄清事实是正确批评的基础。有些店长一时情绪激动就不分青红皂白对店员进行批评，而忽略了对客观事件本身进行全方位的调查。即使你自认为已经清楚地了解了事件的客观真相，但在批评时还是要认真地倾听店员对事件的解释。这样做有助于店长了解店员是否已经清楚了自己的错误，也有利于店长更好地帮助店员改正错误。

当然，要想做到客观批评，在批评的时候要给予店员申辩的机会。你不要以为店员在你面前申辩就是狂妄、目中无人的表现。应抛弃自己的成见，耐心倾听他的解释，再作客观的评价。适当的时候不妨把自己置身店员的工作场景和工作角色中去，并思考：“如果我是他，我会怎么做？如果我身处他的环境，我会不会有能力扭转局面？”必要时也要善于作自我批评，这样既不损害店员对店铺对你的忠诚度，又于无形中增强了店铺的内部凝聚力。

3. 批评店员要诚恳

店长在批评店员时应采取一种诚恳的态度，多从店员的角度去考虑问题，对店员动之以情、晓之以理。不是一味地采取粗暴的方式批评，而是要客观地评价店员的过错，热心地帮助他分析错误的原因，以宽容的批评去鼓舞他勇于面对错误。要让店员感受到你的批评就是一种关爱，从而激发店员主动地去承认错误，并努力地去改正错误。

店长的批评实质上就是帮助店员认识错误，改正错误，因此，诚意和关爱在这种帮助的过程中起着极其重要的作用。诚意就是指批评的形式、手段、方法要光明磊落，态度诚恳、友好。比如：批评店员时将心比心，不让对方下不了台，不把责任推给别人，不揭老账，体谅店员的难处，等等。关爱就是指批评的目的完全是为了爱护店员、提高店员的素质。

当店员面对店长的批评，能感受到诚意和关爱，店员也就更为乐意接受批评，进而认真地去认识和改正错误了。

4. 以行动代替言语

喊破嗓子不如做出样子，这句话很多人都听过，它具体表现在两个方面：身先士卒为店员做出表率，批评店员时用行动代替语言。在不少店长的管理过程中，第一个方面做得很好，第二个方面却欠缺很多。他们简单地认为，对于店员的失误、错误只要批评得够狠，结果就会显现。我不禁要问：难道这就是管理的要义所在？

暂且不管这样的理念是否正确，有一点是肯定的，还有一种方法能够获得更好的批评效果，那就是在店员犯错时，店长默默地行动，给店员无声的震撼。

情景范例　**店长亲自上阵招呼顾客**

华纳梅克每天都到费城他的大商店去巡视一遍。一次，他看见一名顾客站在台前等待，没有一个售货员接待她。那些售货员都在柜台后处的另一头挤成一堆，彼此又说又笑。华纳梅克没说一句话，而是默默站到柜台后面，亲自招呼那位女顾客，把货品交给售货员包装，接着他就走开了。这件事让售货员感触颇深，他们及时纠正了错误的服务态度。这说明若要批评他人，无言的行动，也会产生神奇的结果。

试想，如果你是华纳梅克店铺中的店员，当遇到类似情况时，你会怎么想，怎么做？

5. 做到“人”“事”分开

店长在批评店员时，还要尽量对事不对人，切忌对店员进行人身攻击，也不可将其以往工作中出现的错误集中起来，一齐兴师讨伐。“对事不对人”不仅容易使店员客观地认识自己的问题，心服口服；还可以在部门内部形成一个公平竞争的环境，使店员不会产生为了自己的利益去溜须拍马的想法。

同时，也要做到因人而异。店长在批评店员时就要根据店员的不同特点采取不同的批评方式，切忌批评方法单一，死搬教条。

一般来说，对于自尊心较强而缺点、错误又较多的人，应采取渐进式批评。由浅入深，一步一步地指出被批评者的缺点和错误，从而让被批评者从思想上逐步适应，逐渐地提高认识。对于性格内向、善于思考、各方面都比较成熟的人，应采取发问式批评。店长将批评的内容通过提问的方式，传递给被批评者，从而使被批评者在回答问题的过程中来思索、认识自身的缺点错误。对于思想基础较好、性格开朗、乐于接受批评的人，则要采取直接式批评。店长可以开门见山、一针见血地指出被批评者的缺点错误。这样做，被批评者不但不会感到突然和言辞激烈，反而会认为店长有诚意、直率，真心帮助他进步，因而乐意接受批评。

总之，店长必须杜绝“老好人”的管理方式，让店员知道你不会纵容他们不合理的行为，而是会对其予以惩罚。这样一来，就没有人再试图挑战你的权威了，店铺也会在你的带领下蒸蒸日上。

第六节　人才的选拔、任用

说到店铺的管理，选人用人是一个非常重要的部分。这里的选人用人，不仅仅是指招聘店铺人员，而且也包括提拔一些一线店员充当中层管理者，或者充当自己的接班人。

说到选人用人，诸如如何选人、在什么时候选人、选什么样的人等一系列的问题就会迎面袭来，如果你没有充分的准备，你将不知道该如何解决。选人、用人，同样需要一个契机，通过这个契机，你会发现谁是你需要的人才、谁是你不需要的人才，更重要的是，你能通过这些工作，提升自己的气场。

具体来说，选人用人的工作主要内容有以下几点：

1. 启用一些有能力的新人

有人对 1500 年到 1960 年全世界 1249 名杰出科学家和 1228 项重大科研成果作了统计，发现发明的最佳年龄是 25 岁到 45 岁。也有人统计了 301 位诺贝尔奖获得者，其中大约 40% 的人是在 35 ~ 45 岁获得的。而且还有大量事实证明中年起步成才也不晚，苏联的一位名叫古谢娃的农村妇女，40 岁才开始学习，73 岁当了博士。

和企业管理一样，在店铺管理中，我们同样提出人才要年轻化，克服不论才能只看资格、不问品德只看辈分的论资排辈的思想和做法。资历反映了人们的实践经验，但也不是绝对的。不能把资历同能力、水平画等号，更不能按资历深浅决定职位的高低。年轻化也不是绝对的，年龄只是表面现象，有无真才实学才是实质。有许多人是大器晚成，到了中老年才成才。

情景范例　麦当劳的“年轻人才”战略

麦当劳快餐从1970年进入法国后，开店数和销售额都以惊人的速度增加，平均每半个月就新开设一家快餐店。随着快餐店的不断增加，需要聘用大量的管理人才。法国麦当劳公司人才部主任乔治·布朗说：“我们在招聘人才方面不拘一格，所有的人才都能在本公司找到合适的位置。”

他们招聘的人员既有大量初出茅庐或刚跨出校门的年轻人，也有在其他地方工作过、具有一定经验的中年人。所有履历考核全部通过的求职者，要在餐店里进行实地实习，熟悉未来的工作环境，看一看工作环境是否与自己的愿望一致；经过三天实习后，双方第二次见面，确定是否录用。

一个年轻的毕业生必须先当4～6个月的实习助理，以熟悉各部门的业务——从付款台到各个岗位。然后升为二级助理，之后是一级助理，也就是经理的左膀右臂。进入麦当劳后，平均经过2～3年，可成为快餐店经理。麦当劳的管理者认为，对公司来说，文凭仅仅是“潜力的外表”。麦当劳公司的口号是：“能力掌握在自己的手中。”在麦当劳，文凭很快就会失去作用。

能否敢于大胆启用新人，是店长的思维与能力问题，每一位渴求人才的店长都应认真对此进行思索。看到麦当劳的做法，你是否也应该借鉴一下呢？

附：店铺人事通报表

店别	姓名	新任职务	生效日期	原任职务	备注

2. 给店员选择更加合适的岗位

尽管某个店员在某个岗位上已经很长时间，甚至在这个岗位上有着明显的业绩，这也不意味着这个店员再也找不到更加合适的岗位了。在不合适的工作岗位上工作是一件非常痛苦的事情，或许是为了生存，或许是为了证明自己，很多店员确实做出了很大的业绩，可是一旦时间长远，他们的工作积极性就会受到抑制，和同事之间的矛盾也会因为情绪的波动而增加。

作为店长，你应该意识到这一点，并且抓住一切机会，发掘店员的潜力，给他们选择更加合适的岗位。这样做好处非常明显：

☆ 店铺效益得到提高。

☆ 员工积极性得到提高。

☆ 员工感谢你这个“伯乐”。

毫无疑问，在店员们的心目中，你就是一个值得他们尊敬的人，一个气场强大的人。事实上，给店员安排更加合适的工作很多时候并不难。

情景范例　　**店长王虎的新人事政策**

皇冠店铺因经营不景气，被隔壁的“一家亲”店铺收购，“一家亲”店铺老板指派王虎出任店长。

他就任的第一天，来到店铺，首先映入眼帘的就是店铺保安人员在保安室里兴高采烈地玩着扑克。他们那种不尽职的态度，使王虎深感绝望。他从没想到，一家区域性的大店，工作人员竟会如此散漫，甚至在销售部门也有如此气氛。

如何扫除充溢于每个角落的散漫风气、激发店员的干劲，这成了王虎就任后最重要的工作。为了改变这种氛围，王虎毅然采取新的人事政策，重新调整编制，调整店员的工作岗位，使人人都有专责，同时也让大家都感觉到是为自己的利益而工作。这样一来，再没有人有时间和兴趣打牌了。

店铺断码商品部门过去销售的产品可说是毫无销路的滞销品，这个部门的销售人员也都消沉至极。但自从王虎的新人事政策实施以后，他们被调入新的班组，安排新的岗位，此举重新激起了他们的工作意愿，一个个变得朝气蓬勃，充满干劲。

几个月后，整个皇冠店铺的气氛就焕然一新，充满了蓬勃的生气，再也看不到过去那种死气沉沉的景象了。

3. 末位淘汰，剔除“拖后腿者”

店铺人员的组成是很复杂的，无论是能力还是个人素养，都有较大的差异。作为店长，这种复杂的情况，很容易成为你管理的障碍。换句话说，要想让自己的店铺管理变得更加顺利，就必须淘汰掉一些“拖后腿”的人，把店员的整体素质往上提，这样管理起来就会方便许多。

如何淘汰呢？最好的办法是实行末位淘汰制。通过末位淘汰法，可以获得一些积极的激励效果。总的来说，这种效果有以下几点：

◎可以有效激励店员

末位淘汰法是一种强势管理，旨在激发店员的工作积极性，通过有力的竞争使整个店铺处于一种积极上进的状态，从而提高工作的效率和店铺效益。

◎可以精简机构，有效分流

在人员过剩的店铺中，人浮于事的情况是无法避免的。在这种情况下，精简机构、有效分流是解决这个问题最有效和最直接的办法。通过末位淘汰法，能够对不同绩效级别的店员实施淘汰，既兼顾了公平，又实现了机构的缩减。

◎能够有效推动店铺向前发展

一般说来，店长管理店员大致可分为三个阶段：第一阶段，人力成本阶段。店长认为店员是成本，缺乏对店员的尊重和信任。店长为了降低成本、多出效益，一味把店员工资压低。这一阶段是最原始的。第二阶段，人力资源阶段。店长逐渐认识到店员自觉干和被动干所产生的效果是不一样的，开始重视培训，重视提高店员的能力。此阶段的店长会制定各种有关店员激励的制度，出台不同的考评办法。第三阶段，人力资本阶段。店长认识到要把人当作资产，实现资产增值。这时店员的革新能力和创造能力是最重要的。现在，请你看看，你的管理正处在哪一个阶段？

____

____

____

附：店铺员工奖惩登记表

职工编号	姓名	奖惩事项及文号	统计					
			警告	记过	大过	嘉奖	记功	大功

4. 为人才招揽指明方向

在店铺管理中，难免遇到一些困难和障碍，在解决这些困难和障碍的时候，你会发现自己还存在哪些方面的不足，同时，你也会发现自己需要什么样的人才、店铺需要什么样的人才。这样一来，就等于给自己的人才招揽指明了方向。

这个道理非常浅显，可要真正做好并不简单，因为需要长时间的观察和总结。现在，给你一个表格，你可以把它打印起来放在自己的办公桌上，随时总结、随时记录。

附：店铺人员资料记录表

人事资料卡编号	入店编号	姓名	建卡日期	更新日期	更新卡期	二次建卡日期	更新卡号

附：人才缺失登记表

管理事件	缺失人才类型	招揽方向	备注

附：店铺临时人员雇佣资料表

姓名		性别		出生日期		籍贯	
学历		证件		证件号码		婚否	
地址							
报到日期				保险卡号码			
雇佣期限		担任工作		工资	主管评语		
年　月　日 至　年　月　日							
年　月　日 至　年　月　日							
年　月　日 至　年　月　日							
年　月　日 至　年　月　日							

第七节　修理“刺儿头”店员

并不是每个店员都是那么好管理的，有的店员习惯于听从你的指派，而有的店员则常常违抗你的指令，似乎只有这么做，才能体现他的个性或者能力。这并不排除他们这么做是为了引起你的注意、获得你的重用，但如果长此以往，你就应该注意了：这些店员就是我们常说的“刺儿头”店员，对于这些人，如果不进行“修理”，管理将难以继续下去，你的气场提升只会成为一句空话。

修理“刺儿头”店员，你应该做到以下几点：

1. 发现问题，立即解决

在店铺管理的过程中，店长经常会遇到反复出现的问题或不良现象，如果讳疾忌医或拖延了事，长期累积下来，必定会为店铺的管理和发展带来阻碍，甚至对店铺整体的经营活动造成影响。

所以，作为店长，在店铺管理过程中发现问题时，一定要立即追根溯源，找出解决问题的途径和办法，避免让问题成为阻碍店铺顺利运作的绊脚石。

情景范例　　你不得不知的一则寓言故事

在一位老农夫的农田中，多年来一直有块大石头横挡在田地中央。这块大石头碰断了老农夫好几把犁头，还弄坏了他的农耕机。农夫觉得这石头太大、太重，他一个老人家应该是无法轻易搬动，对它只能束手无策，而这块大石头也就成了他耕种时的一个大困扰。

某一天，老农夫的犁头再次因为敲到大石头而断裂，他想起大石头所带来的各种麻烦，终于下定决心要将它彻底清除。于是，老农夫找来撬棍伸进大石头底下。令他惊讶的是，他发现大石头并非如想象中是深埋于泥土里，只要稍微用点力，他就能把大石头撬起来，紧接着，他再用大锤子将大石头打碎，随后把碎石清运出田地，如此来回几次，竟然就铲除了他多年来的心头大患。

老农夫对此也不免感叹，原来自己早就能把这件麻烦事处理妥当，却为它伤神了好几年。

田里的大石头就是"刺儿头"店员，面对他们的挑衅，如果你选择忍耐，那么管理就会处处碰壁，施展不开。虽然这只是一个寓言故事，却告诉我们，作为店长，在管理店员过程中，如果发现有"刺儿头"店员和你过不去，一定要及时解决，否则必定会给自己带来一系列的麻烦。

2. 或警告，或辞退

在很多店长心中都存在一个误区：只要店铺这个整体团队是优秀的，那么，其中存在一两个"刺儿头"店员并不会影响整个团队的发展。

事实真的如此吗？"木桶原理"给了你答案：不是。"木桶原理"是这样的：一个水桶由长短不同的木板箍成，水桶能装多少水，不是由长木板来决定的，而是由最短的那块木板来决定的，即水最多装到最短的那块木板那里。要让水桶装更多的水，必须加长短木板，这是最有效的也是唯一的办法。

"木桶原理"对店铺具有十分重要的借鉴意义。一个店铺里，即使员工再优秀，如果有一两个影响大局，团队的整体绩效都会被大大减弱。如果你想提高这个团队的水平，那么就得处理影响大局的几个人。

如何处理？要么警告，要么辞退。特别是对以下几类"刺儿头"店员更应该如此：

☆ 故意和你对着干的店员。

☆ 有意破坏团队效率的店员。

☆ 不顾纪律、无视店长权威的店员。

☆ 不服从命令的店员。

☆ 不利于队伍团结的店员。

☆ 喜欢挑拨离间的店员。

☆ 故意犯错而不愿效力的店员。

☆ 掌握主要业务而不听号令的店员。

☆ 损公利私的店员。

☆ 被竞争对手挖了墙脚当“间谍”的店员。

3. “威”“礼”相加

修理“刺儿头”店员，警告或者辞退是一种“立威”的做法，能够快速有效地达到目的。其实，除了这种做法之外，还有一个更加温和的方法——给予礼遇。

为什么这种方法管用呢？原因很简单：有些刺儿头员工并不是真的想和你作对，只是在日常的管理当中你忽略了一点：给予他们应有的礼遇和尊重。现在，你补上了这一点，“刺儿头”员工也就消失了。

不战而屈人之兵，这是最好的方法。

情景范例　　肮脏的懒虫们变好了

美国加利福尼亚州一家店铺，出现了令人头痛的店员蓄意怠工的问题。店长心急如焚，他绞尽脑汁采取了很多措施，比如：制定了严格的奖惩条律，完不成任务者扣工资，完成任务者加薪；斥责个别店员，以起到施加压力的作用等。然而并没有产生丝毫的激励效果。情急之下，店长请来一位管理专家，让他帮忙解决这个棘手的问题。这位管理专家来到店铺后，不到一个小时就找到了问题的根源。

当管理专家来到店铺时店长很热情地招待他，并对他说：“这样吧！让我们在店铺里转一圈，你就会知道这些肮脏的懒虫们出了什么毛病！”听了这话，管理专家立刻就知道问题出在哪儿了。

管理专家开出的“药方”很简单，他对店长说：“你所需要的，就是把每个男店员当作绅士一样对待，把每个女店员当作女士一样对待。这样做了，你的问题不消一夜就会解决。”

店长没有想到自己感觉如此棘手的问题竟用这么简单的办法就可以解决，所以，他对管理专家的建议半信半疑，甚至不以为然。管理专家说：“诚恳地试上一星期吧。如果不见效果或不能使情况好转，你可以不付给我任何报酬。”店长点点头同意了。

十天以后，那位管理专家收到一张字条，上面写着：“万分感谢，詹姆斯先生。你会认不出这个地方了，这儿有了奋发向上的激情，有了和睦共处的新鲜空气。”

4. 必要时要杀鸡儆猴

在人才管理、人才使用的过程中，难免会碰到一些“刺儿头”式的店员，这些店员虽然有一定的能力，却因此而目中无人，无视店铺的规章制度，特别是当他们为店铺做出显著的贡献时，往往会表现得更加趾高气扬。虽然店长通过各种方式企图改变他的态度，结果却是徒劳。此时，店长就要果断决定，杀鸡儆猴，以示惩戒。运用杀鸡儆猴谋略，将有助于树立店长的威严，增强对店员的控制力。

那么哪些“鸡”可以拿来杀呢？以下两种：

◎从严惩处第一个以身试法者

为了维护法规、制度的严肃性，店长必须及时捕捉第一个敢于以身试法者，坚持从严处理，以教育其本人，同时教育更多的店员。这种管理方法，又叫“枪打出头鸟”。第一个以身试法者，犹如出头之鸟，一来数量小，容易惩罚；二来影响极坏，倘若不及时打掉，后面势必跟上来一群。因此，店长不应轻易放过第一个以身试法者。

◎重点惩处性质最恶劣者

有时候，店长会同时遇到几个违反法规的店员。倘若不分青红皂白，一律严加惩处，一来打击面过宽，起不到应有的教育、挽救作用；二来对工作也会产生一些不利影响，甚至会因此而蒙受一些不必要的损失；三来店长树敌过多，不利于今后搞好上下级关系。为此，店长在从严处置时，不能不讲究方法和策略，应尽可能扩大教育面，缩小打击面。店长应从若干个违规的店员中，挑选性质最恶劣、影响最坏的一个，予以重点惩处，同时对其他几个违规情节较轻、认错态度也较好的下属，给予适当的批评教育。这样做，不仅能教育多数下属，而且也能使受到严惩的店员陷于孤立的境地，从而切实收到惩一儆百的良好效果。

当然，当你在运用杀鸡儆猴策略的时候，还得注意两点：

◎要做到合情合理

所谓合情，就是合乎人之常情，惩处方式不过火，不偏激，不超过常人的心理承受能力，能被多数人的感情所接受；所谓合理，就是要惩之有理，符合有关法律、制度、条文，分寸适度，使人心服口服。杀鸡儆猴，不怕严，也不怕刚，只要领导者能做到严中有理、刚中有情，就能收到预期的良好效果。

◎给予必要的关心、帮助和教育

在儆猴之后，还需辅以必要的关心、帮助和教育。如果杀的“鸡”过多、过滥，“猴”们也就皮了，不感到有什么可怕，甚至会把“杀鸡”看作工作之余的调味剂。

附：店铺员工纪律处分通知单

编号：______　　　　　　　　　　日期：________

<table>
<tr><td>姓名</td><td></td><td>工作
证号</td><td></td><td>职位</td><td></td><td>所属
部门</td><td></td></tr>
<tr><td colspan="4">所犯过失：
□擅自旷工
□屡次迟到
□工作时打瞌睡
□故意不服从上级或拒绝接受正当命令
□故意不以适当方法工作
□屡次逃避工作
□工作时或在店铺内赌博
□行为不检点</td><td colspan="4">发生日期：</td></tr>
<tr><td colspan="8">处分：
□谴责　□停职　由 ______ 年 ______ 月 ______ 日至 ______ 年 ______ 月 ______ 日
注意：如有重犯，将撤职处分</td></tr>
<tr><td colspan="8">撤职日期：______ 年 ______ 月 ______ 日

请于撤职生效日期前往人力资源部报到
备注：</td></tr>
</table>

第八节 无理的顾客，不能惯着

店铺服务中经常会面对顾客的“无理”。比如，顾客无视店铺的禁烟指示牌，随意吸烟；拿着已经过期的优惠券来店铺消费，不给优惠就大吵大闹，说店铺是黑店；拿着竞争对手的优惠券来你的店铺里消费，让你不知所措；等等。

面对顾客的无理，店长是不是应该告诫店员不闻不问呢？甚至像很多时候我们所宣传的那样把顾客当成上帝，即便顾客不对，也要把有理的一方让给顾客呢？显然不是。这样的思维是极端的，也是错误的。顾客不可能永远都是对的，他更不是你的上帝，如果你发现顾客是错的，遭遇顾客的无理，一定要及时阻止，对他们说“NO”。

不能宠惯无理的顾客，并不等于在发现顾客无理的时候，就把顾客给轰出去，这样做是不对的，只会让顾客、店员觉得你是一个粗鲁的店长，没有任何气场可言。那么如何做才能既阻止顾客的“无理”，又不会伤害到店铺的形象、店长的气场呢？以下几点你可以学习：

1. 维护自尊心是前提

应对顾客的无理是要讲究一定技巧的。如果处理不好，轻则引起顾客的不快，重则可能会造成顾客流失。顾客在店铺大厅里吸烟，店员走上前去很直接的阻止，就会让顾客觉得很没有面子。他会觉得自己成了朋友及其他顾客眼中没有素质的人。顾客感觉不好，也许还会把不满的情绪发泄到其他的地方，影响其他顾客的消费，给店铺造成很大的麻烦。

处理顾客的错误必须要考虑到顾客的自尊心。可以指出错误，但是前提是维护好其自尊。这才是聪明的解决方式。也许顾客会因此成为店铺忠实的回头客。

情景范例 **顾客在无烟店铺内吸烟了**

情景：顾客不顾某餐厅“请勿吸烟”的提示，一进店铺落座，就开始吸烟，甚至还喊服务员“拿烟灰缸来”。

——错误的应对：

店长："先生您好，这里不允许吸烟，请你熄灭好吗？"

顾客："喂！不让吸烟不早说！早知道都不来你这吃了！"

店长："我们这里有写禁止吸烟的，先生您看（指着禁止吸烟的牌子）。"

顾客："（恼羞成怒）废话！你放你家里好了，更没人看得见！放那么边角的地方我怎么会知道？"

——正确的应对：

店长："先生您好，很抱歉，我们的告示牌实在太不醒目了。这是我们的失误，真的很抱歉。餐厅里暂时不能吸烟。"

顾客："哦，没关系（说着把烟熄掉了）。"

店长："非常感谢您的谅解，需要再来一杯水吗？"

顾客："不用了，谢谢！"

"顾客永远都是对的，如果顾客错了，请参照第一句话。"类似的话语我们见了很多。信奉这句话的人认为生意是最重要的，和顾客争个对错没有太大的意义，你争赢了，生意也就输了，何必呢？那么在此，我们不如反问一句：如果你让顾客对了，甚至你故意认输，那么店铺的生意就能赢吗？如果你放纵他们的无理，确实能赢得"吸烟者"的生意，然而是不是会输掉更多"不吸烟者"的生意呢？

2. 让事实来说话

当顾客和店铺之间产生冲突的时候，店长无论做什么事情，都会招致顾客的怀疑，认定店铺是在推卸责任，不愿意承担损失。要想解决类似的问题，最好的办法就是用事实来说话，让顾客明白自己的"无理"在事实面前是站不住脚的。

对于店长来说，可供利用的事实有以下几种：

☆ 购物小票、清单。

☆ 维修卡、保修凭证。

☆ 监控录像。

☆ 厂家证明。

☆ 顾客亲笔签名。

☆ 司法鉴定。

尽管在很多时候，并不需要利用以上所有的事实，但知道了总比不知道好，或许有一天就能帮上你的大忙。

情景范例　轮胎不是在我这里买的

一天，一个顾客推着一套轮胎走进了美国一家家用仓储卖场："噢，你们的轮胎实在太难用了，我家的卡车装上它跑了不到100英里便爆胎了！现在我要求退货，当然，你们必须退还我相应的价钱！"

在说这些的时候，顾客的不满堆了一脸，嚷嚷着径直将轮胎推到了服务总台前。

店员感到很诧异："对不起，先生，我想您是不是弄错了。因为我们家用仓储卖场从来没有卖过轮胎。"

"从来没有卖过轮胎？噢，不，这不可能！这套轮胎是我不久前在这儿买的！不能因为它在质量上出了毛病，你们就不退货了吧？"顾客不依不饶。

店员觉得无可奈何："先生，如果真是在我们卖场购买的，给您的生活带来了不便，我们感到抱歉，也非常愿意为您退货。但是，这套轮胎真的不是我们卖场出售的。"

然而，顾客仍然坚持就是在家用仓储卖场购买的，态度强硬，要求退货，一副"你不退货我就死赖着不走"的架势，双方很快陷入了僵局。

无奈之下，店员叫来了店长，请他协助解决此事。店长听了顾客的话之后，面带微笑地说："这样吧，请你带我到你选轮胎的区域去看看吧？"

顾客带着店长转了半天，也没有找到卖轮胎的地方，顾客开始意识到可能是自己错了，这家卖场好像真的不卖轮胎。后来店长又详细询问了他购买轮胎的时间，然后打开店铺前几天的监控录像让顾客查看，看看在那个时间段是不是能够看到他结账的录像。

在事实面前，顾客低下了头。

事实胜于雄辩，事实可以让顾客的无理"哑口无言"。不过，在这里我还是要提醒你一点：事实确实重要，不过你在接待顾客的时候，不能故意拿这些"事实"来刁难顾客。比如你明明知道这件商品是从自己店铺购买的，而且还没有过保修期，却因为顾客没有带保修卡或购物发票而不予受理。如果你这样做，不是有气场的表现，而是让人气愤的表现。

3. 及时阻止无理行为并要求道歉

店铺确实是为顾客服务的，也是通过为顾客服务赚钱的，这一点毫无疑问。不过是不是就因为如此，店铺必须无条件地服从顾客、容许顾客胡作非为呢？不是。任何一个店铺，都有自己的形象，都有自己的尊严。店长，就是维护店铺形象、尊严的人。如果你发现有的顾客在做一些无理的事情，损害了店铺的形象和尊严，你该如何做？

忍气吞声，继续认定顾客是上帝而不予追究？一个有气场的店长会挺身而出，及时阻止无理的行为，并且要求顾客赔偿道歉。

记住，你是店铺的管理者，更是店铺的保护者。在你的店铺和店员受到无理顾客的侵扰时，要及时站出来，别让无辜的他们受到伤害。

如果有需要，就报警吧。

9

第九章

有效责任承担，气场的最后保障

一个有气场的店长要勇于承担责任，这是大家公认的。不过在此你要弄清楚一点：并不是所有的责任都需要你来承担，你根本没有这么多的时间和精力。更何况，有很多责任是无效责任，即便你承担了，也不会帮助店铺获得更多的利润、提升你的气场。这样的责任，不承担也罢。

什么样的责任是有效责任，什么样的责任是无效责任，店长又该如何理智地承担有效责任？对于这样的概念，很多店长和你一样都搞不太清楚。没有关系，在本章节中，我们就来好好说说。现在，请跟随我一起走近责任、走近承担。

你准备好了吗？

第一节　什么是有效责任？

有效责任，顾名思义，如果你承担了责任就能产生效果。这里的效果可以针对店铺而言，比如店铺利润提高；也可以针对店长本身而言，比如气场提升；也可以针对其他人而言，比如店员团队精神提高、顾客满意度提高等。

要想准确理解有效责任的界限，最好的办法就是搞清楚到底什么是无效责任。无效责任范围并不广，总的来说有以下几种：

1. 已经过期的责任

责任也会过期吗？会的。所谓过期的责任是指已经过了承担时间，或者已经被他人承担的责任，如果此时店长再去承担这些责任，就属于无效责任。如果店长再次承担这些责任，就属于浪费时间精力的行为，并且不会对气场的提高产生多大的帮助。

情景范例　　**店长气急败坏**

某店铺曾经发生一起入室盗窃，警方通过监控录像得知，小偷是趁店长上厕所的两分钟内入店盗窃的。在了解到事情的真相之后，店铺老板决定不追究店长的责任，毕竟这样的事情谁都无法避免。更何况，小偷很快被抓住，丢失的商品也都找回，损失不大。这件事情就算过去了，以后大家增强防盗意识即可。

可是，过了两个月之后，店长和店员之间发生争吵，店员气急之下对店长说："就是因为你，店铺才会被盗，你要知道，这是我们店铺第一次被盗，你却还没有承担责任，真是不公平。"

听到店员这么说，店长也气急败坏，随后决定承担责任，不仅翻倍赔偿损失，而且还"负荆请罪"，向老板递了辞呈。一件原本应该让它过去、应该遗忘的事情一时间又闹得沸沸扬扬。

案例中的店长是在承担责任，又是赔偿损失，又是递辞呈。不过这样的承担责任是不是有效呢？没有。不仅如此，还给店铺带来了负面的影响。最重要的一点，店长以这样的方式和店员抗衡，一点气度都没有。这样的店长，又怎么能提高自己的气场、让店员认可信服呢？

意气用事，不值得。希望你在遇到这种事情的时候，不要这么做。店长要承担责任，但不要承担过期的责任，对你没有帮助。

2. 对店铺起不到任何帮助的责任

承担责任，绝大多数时候是为了对店铺有利，减少店铺的损失。不过也有例外的时候，店长承担了责任，对于店铺来说没有任何帮助，甚至还有可能带来负面影响。这样的责任是承担好，还是不承担好？不承担。因为这也是无效责任的一种。不信？看看下面的案例，你会有所启示。

情景范例

我罚自己学习一个月

在临近春节的时候，店长吴刚因为失误，把一件货以低于批发的价格卖给了一个客户，使得店铺损失了50元。按照店铺的规定，谁要是犯了错误，就要到总店去学习一个月。所谓学习，其实就是“禁闭”的一种形式。在这一个月的时间里，没有工作，没有朋友，自然也没有工资。

就在吴刚准备去“学习”的时候，店员告诉他：“店长，我觉得你还是先不要去学习了，你看，这马上就是春节了，我们得赶紧准备才能打好这一仗，否则后果不堪设想啊。”可是吴刚听了店员的话，却执拗地说：“我犯了错误，哪能不惩罚自己？我得承担我应该承担的责任，不然以后怎么要求你们？”

不听劝的吴刚最终选择了“承担责任”，店铺也因此错过了春节的销售良机，损失更加惨重。

如果你是店长吴刚，遇到类似的情况，你是选择即刻“承担责任”，还是先打一场“春节促销战”？我想一个有气场的店长会选择后者，因为承担这样的责任对于店铺来说一点好处都没有，甚至还有伤害。此时此刻，这样的责任就是一种无效责任，店长不应该承担，应该在日后合适的时候承担。

想想看是不是这么一个道理？

3. 应该由他人承担的责任

除了前面提到的两种“无效责任”外，还有一种常见的无效责任——应该由他人来承担的责任。他人的责任，即便你承担了，也不会有任何帮助和效用，他人还会把你当成傻瓜，认为你善于为别人“背黑锅”。这种责任对你来说就是一种无效责任，请不要承担。

对于店长来说，这种类型的无效责任主要包括以下几种：

☆ 店员的责任。店员犯了错，你不应该代替他去承担责任，尽管其中可能也有你“指挥不当”的责任，那么就请承担“指挥不当”的责任吧。

☆ 顾客的责任。如果是顾客自己不小心弄坏了商品却要求店铺承受损失，不要答应。店铺不是慈善机构，明确地告诉顾客：这是你的责任，你应该承担。在此要注意一点：不承担顾客自身的责任，不等于你可以把责任往顾客身上推，这是两码事。

☆ 供货商的责任。如果因为供货商没有及时供货，或者所供的货物存在假冒伪劣的情况，应要求其按照合同约定赔偿，而不是为了和气，承担不该由自己承担的责任。如果你承担了，就会被扣上“傻瓜”的帽子，下一次，更多的伪劣商品会出现在你店铺的货架上。

☆ 店铺老板的责任。尽管你是一店之长，也难免遇到店铺老板“横插一杠子”的情况。如果在这个过程中，店铺的经营出现了异常，造成了损失，不要犹豫该不该说，直接告诉老板：这是你应该承担的责任。

做好自己的事情，承担好自己应该承担的责任，这才是有气场的店长，让店员佩服、尊重的店长。

第二节　有效责任判断三原则

责任归属问题很严肃。要想做一个有气场的店长，应该清晰思考、灵活把握。在面临责任的时候，做到快速判断，看看这是不是无效责任。如果是，则不要理会，该谁承担就谁承担，你只要做好自己的工作即可。

那么如何才能做到快速判断呢？现在我教给你判断责任归属的“三板斧”，你只要根据这三个方面进行判断，十之八九不会出错。

1. 谁

绝大部分责任的出现，都能找到一个当事人。除了一些不可抗力之外，当事人的明确是最为简单的。在寻找“谁”的时候，下面的这些问句或许能够帮助你：

☆ 谁犯了错误。

☆ 这件事情谁主抓的。

☆ 谁的工作没有做好。

☆ 谁在关键时刻拖后腿。

☆ 谁是背后的主导者？

☆ 这个责任的主导因素是谁造成的。

在寻找“谁”的时候，你是否也有一些能够帮助自己评定的问句可以列举出来呢？不要犹豫，拿起笔，把它们写下来吧：

____

____

____

当然，在寻找“谁”的时候要注意：“谁”不一定是一个人，也有可能是几个人，甚至是一个团体，所以在进行责任归属评定的时候，要让所有的人来承担，而不是一个人、一个代表，那样是不公平的。同样，如果你不属于这个“谁”里面的人，那么就和你没有关系，对于你来说，这个责任就是无效责任。

2. 什么时候

“什么时候”不仅仅是指责任所属事情是在什么时候发生的，还有一层意思存在：什么时候承担责任是有效的。这是判定责任是否失效、过期的一个明显标准。就像第一节讲的那个“过期责任”故事中所描述的那样，店铺发生盗窃案的事情已经发生很长时间了，店铺老板也明确表示不需要店长承担责任了，那么我们就可以轻易判定：这个责任已经是无效的责任，没有必要承担了。

现在，请跟我重复一遍：

☆ 责任所属事情是什么时候发生的。

☆ 什么时候承担责任是有效的。

记住了上面两点，对于你提高判断无效责任的能力有很大的帮助。当然，你的气场也会因此而提高。一箭双雕，何乐而不为？

3. 是否有意义

我们之所以要承担责任，无非就是想通过这样一个方式来改变一些事情，比如提高店铺的销售利润、提高自身的气场、提高店员的工作积极性等。换句话说，如果你发现自己承担了责任之后并没有任何意义，甚至还有可能带来负面的影响，那么马上停住脚步，不要再去盲目承担责任，因为那是无效责任。

在判定一个责任是否有意义的时候，要注意以下几个方面的事情：

☆ 不能只关注眼前，要看重长远。

☆ 不能只关注对自我、店铺的意义，也要关注对店员、顾客等人的意义。

☆ 不能因为意义小而忽略。

☆ 不能因为意义和自己关系不大而忽略。

☆ 意义必须是正面的，而非负面的。

第三节　以何种心态承担责任

说到承担责任，很多人都会想到一个词："背黑锅"。确实，"背黑锅"也是承担责任的一种形式，不过我们今天所说的承担责任、承担有效责任和"背黑锅"之间有着本质区别。如果你无法分清两者，不仅无法很好地承担责任，而且还会给自己的气场带来负面的影响。

到底是承担责任，还是背黑锅，不仅仅是责任到底属于谁的问题，而且也是责任心态的问题。要想通过承担责任来提升自我气场，就不应该以"背黑锅"的心态来面对、承担责任。承担责任，你的心态应该更健康一些。

在以往的工作过程中，你是否意识到这个问题？

____

____

____

不管你以前是否意识到这个问题，今天都应该好好学习一下：店长应该以什么样的心态来承担责任？

1. 改正错误的心态

承担责任，不是单纯地要惩罚自己，而是要通过惩罚来提醒自己改正错误，避免再犯。那么什么样的心态可以算是改正错误的心态呢？简单来说，具备以下几个要素：

☆ 正视自己的错误。

☆ 谦虚地处理问题。

☆ 敢于排除万难。

☆ 具备积极性。

☆ 对待错误具有严肃性。

情景范例

真正应该承担责任的是店长

有一位店员，业绩一直不错，但却有些恃才自傲。有一次，她认为一项具体的工作流程是应该改进的，于是她向店长提出，可是店长不仅没有重视，反而认为她是在多管闲事。然而这名店员并没有放弃自己的想法，而是私自违犯了工作流程。店长发现她的这一行为后就严厉地批评了她。谁料她不但不改，还和店长吵了一架，扬言要辞职，带走店铺的营销资料。

意识到事态严重性的店长很快向老板作了汇报。老板了解情况后就与这位店员进行了谈话。老板并没有上来就批评她，而是让她先叙述事情的经过，并认真地和她交换意见和看法。在交谈中，老板发现这位店员确实很有思想，她违反的那项工作流程确实应该改进，而且她还谈出了许多现行的工作流程和管理制度中存在的不完善之处。

在整个过程中，老板始终以朋友的方式平等地和她交流，而且真诚地聆听她的意见，她感觉受到了重视和尊重，反抗情绪渐渐平息下来，从开始的只认为店长有错，到最后承认自己做得也不对。最后，在老板试探性的问询下，她也说出了她的错误应该受到的处罚程度。谈话结束后，这位店员高兴地离开了老板的办公室。

当她离开后，老板迅速与店长交换了意见和看法，最终认定这位店员做得虽然有些过分，但并没有酿成大错，倒是店长本身，对店员的意见置若罔闻，导致店铺的管理工作出现了障碍，真正应该负责任的不是这位店员，而是店长。

在了解到自己的错误之后，店长第二天召开了全体大会，在会上，他向这位店员道歉，并做了自我检讨，表示愿意承担相应的责任。这件事发生后，这位店员的态度有了极大的转变，原来的傲气和不服的情绪在她身上消失了，而且她还积极配合店长的工作，工作热情大增。

案例中的店长之所以刚开始和店员产生冲突，原因在于他没有意识到自己的错误：对店员的意见置若罔闻，以至于无法发现工作流程和管理制度中存在的不足。经过店铺老板的提醒和批评之后，店长很快意识到自己的错误，赞同了老板“真正应该负责任的是店长”的说法，并诚恳地向这位店员道歉、做了自我检讨。他的这种心态就是一种承担责任的心态，而不是在背黑锅。

2. 不卑不亢的心态

很多店长，特别是新任的店长，在发现自己犯了错误之后，内心无法承受，总觉得店员看自己的眼神都是怪怪的，无论是下达命令，还是做出决断，都有一种手软的感觉。

你在犯了错误之后是不是也有类似的感觉呢？如果有，我断定你无法以“不卑不亢”的心态来承担责任，最终将会变得自卑。显然，这对于提升你的气场来说是个很大的障碍，你一定要想办法剔除。

承担责任意味着自己犯了错误，当并不意味着自己就此低人一等。暂且不说每个人都有可能犯错，即便自己犯了一些低级错误，事情已经无法挽回，请记住，你还是你，还得行使店长的职责，带领店员开展店铺活动。

要想做到不卑不亢，以下几点条件要满足：

☆ 不因一次错误而看低自己。

☆ 具备强大的自信心。

☆ 从内心里原谅自己。

☆ 不做极端的事情。

☆ 把错误摆到台面上剖析。

☆ 以上进的心态进行学习。

☆ 敢于再次尝试。

3. 不逃避、不推卸的心态

如果你认为你承担责任是在替别人背黑锅，并且没有任何的意义和回报，你肯定会做一件事情：尽量逃避、申辩、推卸。这是人之常情，可以理解。不过如果你是在承担自己应该承担的责任，就不应该再以这种心态来面对。这对问题的解决一点好处都没有，而且还会让店员觉得你是一个靠不住的店长。

请问，一个被店员认定靠不住的店长，气场能有几何呢？

情景范例　一把旧扫把引发的责任

一天，店铺老板和店长一起巡店。当他们走进店铺大厅的时候，发现一名保洁员正拿着竹扫把打扫垃圾，而他所用的竹扫把只有10厘米长——正常来说应该有30厘米的，这意味着扫把已经很旧了，应该更换新扫把了。

店长停下来问他："请问你在做什么？"

保洁员回答说："我正在打扫果壳纸屑。"

店长："你为什么使用这把竹扫把？用它能扫起多少垃圾呢？"

保洁员："因为他们只拿了这把给我用。"

店长："你为什么不去找一把好一点的用呢？"

当他走远后，店长显然生气了："好竹扫把仓库里多的是！类似的事却天天都在发生。所以我们店铺的效率总是很低，效益自然也不好。就像这个保洁员一样，明明需要换扫把却不主动，导致效率低下。我要找到管理保洁员的那个监工，狠狠地训他一顿，确保每一个保洁员都能得到一把好一点的竹扫把！"

店铺老板发出惊叹："你认为这样做就会解决问题了吗？在今天这件事里，谁该对这位保洁员和竹扫把的问题负责？"

店长说："保洁员本人应该负责，毕竟她是天天在用扫把的人，不好用她不会开口说吗？"

店铺老板答道："她要负责，这确实没错，不过我还是想问你，你是否也有责任呢？你在其中扮演什么样的角色呢？最根本的其实是你的责任，因为你看错了问题的症结所在，你总是习惯性地把责任推卸到别人的身上，而忘记其实自己也是应该负责的人。我告诉你，如果你是一个缺乏责任感，使用逃避、推卸的心态来看待问题的人，那么你的店员也好不到哪里去。"

在上面所讲的这个故事中，店长注意到了具体问题，一名保洁员正在用一把很旧的竹扫把打扫卫生。如果没有店铺老板的提醒，他差点陷入微观管理的误区：狠狠地批评保洁员，责怪她没有找到一支好扫把。但在店铺老板的提醒下，这位店长发现了问题的症结所在：他自身就是一个缺乏责任感，喜欢以逃避、推卸的心态来看待问题的人，所以店员也喜欢用这种心态来看待问题和错误。显然，这位店长在这一具体问题上获益颇丰，久而久之，气场就能得到提升。

4. 不庇护的心态

你承担责任，不是要为某个人背黑锅，更不是为了庇护这个人。所以，当你真正去承担责任的时候，最好有什么就说什么，该承担多少责任，就承担多少责任，坦坦荡荡。

情景范例 **扣除当月奖金以示自罚**

李裕是一家卖装饰材料店铺的店长。有一次，一个店员盗窃了店铺里的电线，私自拿到外面去卖。虽说数量不大，但也造成了极坏的影响。店长发现后，要严惩这个店员。然而这个店员平时和店里上上下下的人交情不错，于是便有很多人出来给他求情。店长看到这么多人为他求情，再考虑到这位店员是初犯，对店铺并没有造成多大的影响，而且他还是店铺内工作业绩最好的店员，便采纳了众人的建议，饶过了他。

可是，他的这一做法却为日后的管理埋下了祸根。好几次，当其他店员犯错他要惩罚时，那些犯错的店员便以这件事为借口，不服从店长的惩罚。此刻，他才意识到自己以前不该听从大多数人的意见，而应坚持自己的立场，当罚就要罚。很快，店长决定开除那位店员，并扣除自己的当月奖金，以示自罚。

第四节 营造责任承担氛围

要想做到理智地承担有效责任，仅靠店长一个人的努力是不够的，关键还得带动店员一起来承担责任。可以这么说，这是店长承担有效责任的一条途径，也是最终目的。毕竟对于店铺这个可大可小的经济体来说，只有身在其中的人联合起来一起承担自己应该承担的责任，效率才能获得提高，利润才有指望。最重要的，领导这个经济体的店长气场才能获得提升。

那么如何带动店员一起承担责任？这是摆在你面前的一个难题，很多店长和你一样对此束手无策，不过通过今天的学习，你在解决这个问题的时候就会轻松一些了。

1. 分清工作责任界限

凭空让店员承担责任是不太现实的，即便他们承担了，也是怀着“背黑锅”的心态进行的。前面我们已经说过，一旦有了“背黑锅”的心态，承担责任的效果、意义也就消失了。不过很多事情的责任确实应该由店员来承担，如果店长承担了，就是一种无效责任。那么如何才能让店员承担自己应该承担的责任，而且是自愿地承担呢?

有个很好的方法：分清工作责任界限，明确地告诉每一个店员他的工作是什么、职责是什么，并且如果在其职责范围内出现问题，必须由他自己来承担责任。如果事情真像你所预料的那样出现了问题，承担责任也就理所当然，店员也就没有怨言了。

分清工作责任界限，可以采用岗位说明、规章制度等常见的形式进行。

2. 自己不要带头推卸责任

俗话说：“火车跑得快，全靠车头带。”在店铺中，店长绝不仅仅是决策者或领导者，他不仅要制定公司决策，领导公司店员，他更需要以身作则，通过自己的榜样力量去影响和带动店员，使其成为他的追随者，跟他一起干，鼓舞店员朝工作的预定目标迈进，给他们追求成功的力量。

如果店长不能以身作则，而是高高在上，那么，他就不能为店员树立一个模仿与学习的榜样，更无法让店员的向心力得以凝聚，他所管理的队伍只能是一盘散沙。

情景范例 店长有着不可推卸的责任

刚上任店铺店长三个月的于露，遇到了一件让她非常尴尬的事情。店员林丹被顾客投诉贪污返利，审计部去查，果真如此，返利单据上还有于露的签名。这件事让店铺老板非常恼火，于是她亲自到店长办公室质问此事。

“我不知道你是怎么当店长的，”老板有些气愤地对于露说，“你手下的店员，竟然胆敢贪污顾客的返利，这么长时间了，你居然不知道？难道非要等顾客投诉到我这里？”

“我也知道了这件事，”于露辩解道，“按照流程，林丹是把返利单报到我的助理那，她审一下，整理好，给我签字，我的工作也多，可能没有看清楚。”

“是没有看清楚那么简单吗？你的工作比我多吗？”老板怀疑地看着

于露。

于露无奈地说道:“是我工作的疏忽,回头我会和助理商量改进工作流程,并要求店铺处理她,也请给予我处分。”

“你认为处理就能弥补店铺的损失吗?这件事应该负全责的是你!”看到于露这种模糊的态度,老板更加气愤。

“是这样的,”于露继续辩解道,“您也知道我刚来,店铺很多关系还没有理顺,这个助理很能干,在工作上是一把好手。但她和我的关系,我感觉总存在问题,有时,我要顺着她的意思来签署一些文件。毕竟我是新来的,要有适应的阶段,我保证今后这样的事情一定不会发生了,您再给我一次机会吧。”

“本来我过来,是想了解一下事情的原因,并不是要处理你的,”老板说道,“不过现在得考虑一下你的能力了。”

更让于露感到尴尬的事还在后面,以前中午吃饭的时候,大家都会和她打招呼,今天大家都像约好了似的,没有一个人与她说话,都一声不响地走了。于露在无意中听到店员议论此事:“什么店长?居然把责任都往别人身上推,哪有资格做店长!”

“是啊,这种店长,还是早点下台为好。”

“出了问题,还辩解,老板骂她活该,要我是老板,当时就她把开了。”

这些话就像一根根刺,直接刺向于露的心脏。她没想到自己的辩解,引起了这么大的争议,难道自己错了吗?

于露错了吗?错了。正如店员所议论的那样,她在极力推卸自己的责任,这是一种没有气场的行为,容易被店员唾弃。请问,如果你是案例中的店长,你会怎么做呢?反思一下吧:

____

____

____

3. 不要抓住店员的错误不放

人非圣贤,孰能无过?很多时候,我们都需要宽容,宽容不仅是给别人机会,更是为自己创造机会。作为店铺的店长,该如何对待店员的过错呢?

通用电气公司的总裁查理·里德在他的自传里说："当人们犯错误的时候，他们最不愿意看到的就是惩罚。"面对店员的过错，正确批评、令其改过绝对必要，但绝对不可揪住店员的过错不放，而应惩前毖后、治病救人，让其放下包袱，以轻松的心态承担责任。

情景范例　**感恩戴德的店员**

康荣是一个室内装潢用品店的店长。有一次，一个店员喝得酩酊大醉来上班，吐得到处都是。店铺里立刻发生了骚动：一个店员跑过去拿走他的酒瓶，领班接着又把他送出去。

康荣在外面看到这个人昏昏沉沉地靠墙坐着，便把他扶进自己的汽车送他回家。他妻子吓坏了，康荣再三向她表示什么事都没有。"不，安林不知道，"她说，"店长不允许工人在工作时喝酒。安林要失业了，你看我们如何是好？"康荣告诉她："我就是店长，安林不会失业的。"

安林的妻子张嘴愣了半天。康荣告诉她，自己会在工作中尽力辅导安林。同时也希望她在家里照顾好他，以便他在第二天早上能够照常上班。

安林第二天果真上班了，他酗酒的坏习惯也从此改掉了。康荣的宽容使安林很感动，他一直记在心里。

在店铺中，店员犯错是难免的，就是最优秀的人也会有犯错的时候。作为店长，应该有一颗宽容之心，能接受与自己不同的意见，能容忍一些难免的错误，这样店员才会放开手去承担责任。作为店员，本来对店长就有一种敬畏感，因害怕被店长指责而躲避承担责任。如果店长对店员出现的每一处错都不放过，斤斤计较，就会加剧店员的恐惧感，想让其承担责任将会变得更难。

4. 使用"奖惩"措施

店员和店员之间是不一样的，有的善于承担责任，有的则遇事喜欢推诿。如何引导店员往敢于承担责任的方向发展？严明的奖惩措施是一个不错的方法。对善于承担责任的店员进行奖励，而对喜欢推卸责任的店员进行惩罚，能在一定程度上帮助你营造承担责任的氛围。

不过，在做这件事情的时候要注意以下几点：

☆ 奖惩一定要明确。

☆ 氛围一定要营造好。

☆ 奖惩一定要有长期性。

☆ 奖惩的幅度要根据具体情况动态控制。

除了上面所列出的这几点外，你是否还想到了其他的呢？把它列出来吧。

____

____

____

第五节　做到责任"到此为止"

"责任到此为止"是一些管理专家提出来的一个口号，意在提醒人们做到一点：敢于承担自己应该承担的责任，并且要给责任划清界限，不要再使问题蔓延到上司、下属和同事。

作为店长，你是整个店铺的领导者，如果你在工作中无法做到这一点，很容易变得没有霸气，即便你自信满满，店员也不愿意配合你、承认你。

做到"责任到此为止"，应该从三个方面入手：

1. 自身要做到"责任到此为止"

为什么很多店长总是在抱怨自己和成功没有缘分？除了时机和能力等因素外，还有非常重要的一点：他们不善于负责任，遇到问题喜欢把责任推个店铺老板、店员、顾客、市场……似乎这一切的问题都出在这些因素身上，自己一点责任都不需要承担。

事实真的如此吗？很显然不是。

在德州一所学校演讲时，麦金莱总统对学生们说："比其他事情更重要的是，你们需要尽职尽责地把一件事情做得尽可能完美；与其他有能力做这件事情的人相比，如果你能做得最好，那么，你就能以更加轻松的步伐走向成功，而不至于失败乃至失业。"

从麦金莱总统的这句话中我们可以得到这样一个启示：店长必须具备责任

意识，不论做什么样的工作，不管遇到多大的困难和挫折，我们都应该尽职尽责地把它做到尽善尽美的地步，一旦需要我们承担责任，我们应该毫不犹豫地去做，否则你很难真正具备霸气。

情景范例 **凡事给自己想好退路的店长**

菁菁是某店铺的店长，人非常聪明，也很能干，就是有一点：凡事都想给自己留好退路。对比较棘手的事情、可能要承担责任的事情，就会想办法推给店员或自己的老板。她非常善于用“与你们商量商量”或“向领导汇报汇报”之类的语气沟通工作，一旦老板有什么意见比较符合她的心愿，她就会去执行，而一旦发生了问题，她就会把责任归到老板身上。由于不处在第一现场，信息不全，老板担心自己会犯“想当然”的毛病，所以就尽量不发表意见，而她就会把这样的事情搁置起来，有时会酿成大的事端。

在日常管理工作中，菁菁主抓品管部的工作，负责店铺质量投诉的处理。有一次，市场上的产品出现了质量问题，她检查了一下，认为工艺原料等没有问题，就认为是个技术问题。技术中心检查后说技术没有问题。她认为技术中心不配合，问题不好解决，就把事情搁置起来。之后，质量问题在市场上进一步暴露，并最终造成了大批量退换货，给店铺造成很大的损失。

在追究责任时，菁菁还认为是技术中心不配合导致的，丝毫没有认识到作为对质量问题负总责的自己在这个过程中应充当一个什么样的角色。当然，菁菁在出现这种情况后不久，就被从店长岗位上调离。

2. 引导店员做到“责任到此为止”

在任何店铺、任何工作中，每一个人都承担着一定的责任。不要以为自己只是一名普通的店员，其实你能否担当起责任，对整个店铺而言，同样有很大的意义。可是现实的情况却让人觉得非常遗憾：很少有人真正承担起自己的责任。这里面自然有店员自身的原因，最重要的还是店长在控制过程中没有做好工作。

情景范例 **搞笑的“班组会议”**

一家店铺出现效益下滑，在店铺例会上，总班组长就此问题要求各班组的负责人发表自己的看法，以寻求解决之道。

销售班组长首先发言："最近销售业绩下滑，我非常着急。我对竞争对手与我们的销售数据进行了具体分析，主要原因有两个：第一，竞争对手缩短了销售渠道，越过一级经销商，直接做二级经销商，我们的一级经销商自然发货量少了很多；第二，我们最近一段时间向市场推出的新产品跟不上竞争对手，与去年同期相比也少了很多。顾客总是抱怨我们的产品老化。对此，我们销售班组是有一定的责任。但是分析具体原因，我认为是市场班组对形势研究得不充分、不到位；研发班组的效率也跟不上市场的节奏，希望二位班组长今后协助我们的工作。"

市场班组长马上跳起来，说："我们的预算本来就少，人手也不够，这个月又有两位职员辞职，拜托销售班组做点市场调研，他们又迟迟反馈不回来，工作开展很困难。人力资源班组、销售班组的效率要提高，要不然，我们很难开展工作！"

研发班组长这时不紧不慢地说："我们最近推出的新产品是比竞争对手少了一些，也比去年同期少了很多。但是大家都清楚，我们今年的预算也比去年削减了许多。自然，降低成本是必需的，可总不能丢了西瓜捡芝麻。另外，对研发人员的激励措施迟迟不能到位，他们的积极性很难调动。"

人力资源班组长说："我们已经很努力在招聘职员了。但是拜托各位，你们招人要提前和我打招呼，明天用人，今天才告诉我，这让我怎么开展工作呢？有时候对招聘岗位的要求又说不清楚，我也很难办呀。"

财务总监也有想法，他说："的确，我是削减了一些班组的预算。但是你们想想，店铺的成本上升，利润下降，当然没有多少钱啊。"

这时，采购班组长跳起来："我们的采购成本是上升了10%，为什么，你们知道吗？最近都在通胀，什么东西价格都在上扬，我能怎么办，是天灾还是人祸？"

物流班组长说："这么说，你们都没有责任，那店铺怎么办？我们销售下滑是明摆着的，这样开会根本就没有意义，大家都在说自己的难处，根本就解决不了问题！"

销售班组长很不高兴地说："大家是有责任，可你的班组就没有问题吗？你承诺的交货期总是不能按时完成。"

物流班组长："……"

采购班组长："……"

很明显，这些班组长都在推诿自己的责任。他们这么做或许有客观的原因，但有一点是肯定的：在整个过程中，店长并没有进行引导，让店员们做到“责任到此为止”。

3. 不要抱怨，不要想着去责怪他人

在问题出现的时候，有的店长默默承担责任，有的店长积极追根溯源并且寻找问题的解决方法，也有的店长忙着推卸责任、责怪他人。相比而言，现代店铺中后者比较常见，这些人最常见的话语就是——“都是他们的事情，和我无关。”“他们根本不配合我们的工作。”“他们从不听我的意见。”“他们只关心自己。”“他们什么都不管。”

然而这样做对问题有没有什么积极的用处呢？很显然，问题还是存在，并且时间拖延得越久，情况越糟糕，受到的损失也就越大。相反，如果一个店长能够放下抱怨，主动把责任承担起来，而不是想着去责怪他人，那么情况就会立刻改善。不信？那就来看看余世维老师曾经遇到的一件事情。

情景范例　**余世维老师与“杏仁豆腐”**

余世维老师曾经讲过一个真实的故事，这个故事发生在日本东京成田机场附近的一个超市。以下为其自述：

我在日航公司工作时曾到东京成田机场受训，有一次经过附近的一个超市，买了一盒杏仁豆腐，回去一吃，坏了。第二天我经过那里，进去跟营业员小姐说，我昨天买的杏仁豆腐是坏的。

“坏的，有没有带来？”那个小姐问。我说：“那又不值什么钱，我把它扔了，没关系，不要误会，我不是来要钱的。”“不不不，这是大事，您等一下。”

她说完就“咚咚咚”地跑到楼上，没多久，又“咚咚咚”地跑了下来，旁边还有一个男士，手里拎着一个袋子，走到我面前说：“先生，这里有5盒杏仁豆腐，保证是新鲜的，您拿去吃，这是您昨天买杏仁豆腐的钱，我们退回给您。我们店里卖出这样子的豆腐是我们的羞耻，但是我们已经打了电话，供应商下个礼拜要来开会，我们要研究一下为什么会发生这种事情。先生，如果下个礼拜一您还经过这里，您有兴趣的话，可以来找我，我会告诉您我们哪里犯了错误。”

这以后，我经过那里时都会去买东西。为什么？我相信它，我这辈子在那里买的任何东西，他们都会负起责任。其实，当时那个小姐不是卖给我东西的那位，那个店长也不是，可他们没有说：这个不是我经手的，这是供应商的错，这是昨天那个小姐的错，这是你自己的错。他们只说，这是“我们”的错。

这意味着，她今天接到这样的投诉并没有想着推卸责任，也没想着去责怪他人——无论是责怪自己的同事还是责怪供应商，而是主动、积极地解决问题，从而使得问题更加简单。我觉得这一点对于中国企业的员工非常有教育意义：遇到问题，不要抱怨，不要责怪他人，不要推卸责任，而要勇敢地去解决问题。

4. 在出现职责不清的情况时，要勇于承担责任

工作过程中还会碰到一些职责交叉或模糊的情况，所以在出现问题的时候，难免会出现责任推诿的现象。这个时候，就应该遵循“责任到此为止”的原则，勇敢地承担起自己的责任，甚至是别人的承担。

店长自身要想提高，就应该勇敢地承担起责任。天赋责任，不容推卸，正是责任把所有的人联结在一起，任何一个人对责任的懈怠都会导致恶果。换一种说法: 老板雇用你的目的是什么？是执行一系列的任务然后承担其中的责任。

不要害怕自己无缘无故地承担了责任，要相信老板和店员的眼睛是雪亮的，只要你勇于承担责任，最终受益的自然是你。相反，如果你推诿自己的责任，受伤害的还是你自己。

5. 不要试图将责任推卸到老板头上

老板绝对是店铺的拥有者，但是最终的领导者、执行者是店长，那么事情出现执行不善的情况，应该承担主要责任的就应该是店长，而不是店员或老板。可是很多店长并没有意识到这一点，他们只是一味地将责任推到老板头上。很显然，他们这种不负责任最终伤害的只能是他们自己。很多店长都觉得如果能将责任推到老板的头上，那么自己的业绩就不会受到影响，自己在销售行业的前途就不会受到影响。其实不然，从这些人的身上我们就应该得到这样一个教训：推卸责任无异于饮鸩止渴。

6. 不要只看重利益，而不看重责任

很多店长之所以在销售行业上打拼，目的是为了追求利益。可是在责任面前，他们却又不想承担。很显然，这样的人是不适合在店铺里工作的，他们在面对责任时就缺乏一个理性的态度，这样对认识自己的缺点、提高自己的能力是不会有帮助的。要知道，利益与责任是成正比的，我们不能只是单纯地追求利益和老板的器重，却不知道如果没有勇于承担责任作为后盾，这些追求都是没有效果的。

最重要的是，如果你不愿意承担责任，无法做到“责任到此为止”，不仅利益无法获得满足，而且你的气场也无法获得提升，你将无法真正成长为一个有气场的店长。

孰是孰非，聪明的你应该非常清楚。

《做最有气场的卖手》　2014 年 5 月 1 版 1 次　中国经济出版社
定价：32.00 元

卖手是直接和顾客打交道的店铺人，是完成销售的最后一环。如果临门一脚没有踢好，前面所有的铺垫工作都将失去意义。卖手是一个要求十分全面的岗位，除了一些必备的要素之外，还应该具备强大的气场。

本书就是为卖手这一卖场重要岗位量身打造的，从主观心态到客观销售技巧，各方面都有详尽叙述。从书中，你不仅可以意识到卖手气场的重要性，而且能够实实在在地学到如何提高气场。如能加以实践，销售冠军将不再是梦！

《做最有气场的店铺》　2014 年 5 月 1 版 1 次　中国经济出版社
定价：35.00 元

经营一个旺铺，不仅需要关注店铺的营销定位、店址选择、店面装修等，还需要着力打造店铺气场，提高对顾客的吸引力，让其忠诚于店铺，和店铺一起成长。

提高店铺气场，是一个系统工程，比如提高“存在感”、塑造“主角意识”、秉持“理念”、培养强大的“内心”、审视“自我”等。这些内容，在本书中都能找到。只要让店铺在经营过程中学会两条腿走路，店铺气场就会越来越强大，成长也将越来越快速。

《做最有气场的店长》　2014 年 5 月 1 版 1 次　中国经济出版社
定价：35.00 元

店长是一个店铺实际经营过程中的掌权者。常言说得好：开不开店看老板，赚不赚钱看店长。一个店铺如果想成为旺铺，没有一个气场十足的店长是万万不行的。

店长，作为店铺经营的具体策划者和执行者，不能只是简单地执行老板的命令，例行公事地开展管理工作，还得能够临危受命、力挽颓势，妥善处理各种棘手问题，管理好与店员、顾客等各种内外部因素的关系，用创造性的方法提升店铺销售。

本书对如何打造气场性店长进行了全面阐述，相信能助店长业绩大增！

《零售业 100 个创意促销方案（升级版）》2014 年 5 月 1 版 1 次
中国经济出版社　定价：39.50 元

本书是 100 个创意促销方案的集中展现，更是一本能够让你的店铺疯狂赚钱的教程。

它通过“促销目标”“促销对象”“创意解读”“前期准备”“宣传推广”“促销预算”“后期开发”“注意事项”等要素，对各个方案进行了严谨、有序、到位的剖析，让你拿到任何一个，马上就能着手实施，见到效益；并达到既提升销售又打击竞争对手的双重功效。